子どもの把握と理解

保育の専門性に基づいて

高山 静子

郁洋舎

はじめに

保育者は、福祉と教育の専門職として子どもの育ちを支えるという重要な使命を担っています。保育者がもつ専門性には、主に「環境構成」「関わり」「保育内容の展開」「子ども・集団の把握と理解」「保育実践のマネジメント」があります。そのうち本書は、「子どもの把握と理解」に焦点をあてました。

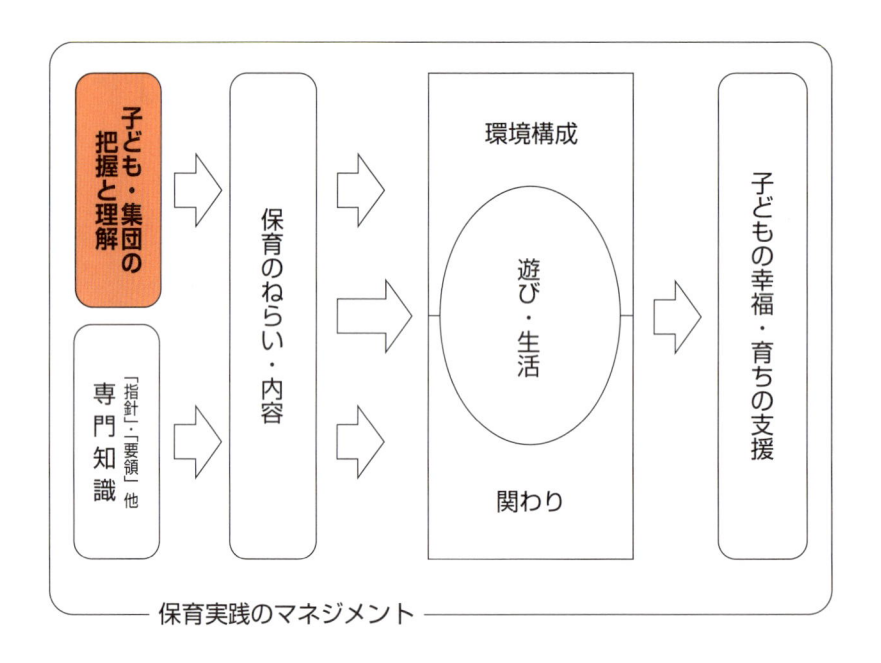

保育は「子どもの把握と理解」から始まります。保育の計画も、環境の構成も関わりも文化の提供も、まずは子どもをよく知り、子どもに合わせて行うものです。本書では保育者の目線から、保育者が子どもを把握し理解する際に必要な知識を集めました。

本書の特徴は五つあります。

一つ目は、「子どもの把握」と「子どもの理解」とを分け、子どもを理解するために、
　　まず把握をすることの必要性を示したことです。

二つ目は、一人の子どもを把握するために、子どもと子どもの環境を総合的に把握す
　　る視点を示したことです。

三つ目は、子どもを把握する方法として、従来の「観察」「記録」とは異なる多様な方
　　法を紹介していることです。

四つ目は、保育者が乳幼児期の子どもを把握し理解するために、心理学の他、学習科学、
　　生理学・生物学・脳科学・医学等、幅広い学問分野と実践から最新の知見を紹
　　介していることです。

五つ目は、子どもの把握と理解に基づく保育の展開として、言葉による援助以外の幅
　　広い展開方法を紹介していることです。

本書は、子どもをもっと理解したいと願う保育者と学生のために作成されました。子
どもの感情や行動や認知に影響を与えるものとして科学的に証明されていることは、
ごくわずかにすぎません。本書を読み終えた保育者は、子どもの育ちに影響を与える
可能性があるものを頭の片隅におくことができます。それによって行動の意味づけや
子どもへのまなざしが変わることでしょう。そして子どもの理解と援助の幅が広がる
ことと思います。

この本で身につけた専門知識を、子どもたちが幸せになり、保護者も、保育者自身も
幸せになるために使っていただきたいと願っています。

本書の全体像

本書は、三つの部に分かれています。

第1部は、子どもの把握と理解とは何かについてです。把握と理解はどう違うのか、保育者が把握する視点を説明します。また、保育者独自の子どもを把握し理解する方法を説明しています。

第2部は、子どもの感情・行動・認知（見え方、聞こえ方等、環境の認識の仕方）に影響を与えると考えられている主な要因についてです。保育者が、子どもに影響を与える要因を知っていると、その子どもに合った援助を見つけやすくなります。たとえば医師が「腹痛」の原因として「盲腸」しか知らなければ、病気の発見も治療もできません。同様に、保育者が「子どものかみつき」の原因として「愛情不足」しか思いつかなければ、適切な援助は難しいでしょう。なお、第2部の内容には、賛否両論あるものが含まれています。第14章の「知識を実践へ活用する際の留意点」を参考にしていただければと思います。

第3部は、子どもの把握と理解に基づく保育と保護者支援への展開についてです。保育者が、子どもを把握し理解した後、どのように子どもの保育へと展開するか、展開の原則と具体的な事例を説明しています。保護者支援への展開方法は、養成課程には2科目が設置され、書籍も多く出版されているため概説のみとしました。

まずは目次で、三つの部の全体像について確認してみてください。

なお、本書では「アセスメント」ではなく、「把握」という言葉を使いました。それは「把握」の方が保育者の行為の実態に近いと考えられたからです。乳幼児期の子どもは著しく発達し変化します。記録する間もなく、瞬間瞬間に子どもを捉える保育者の行為は、「把握」という言葉がふさわしいと考えました。また保育者は、豊かな想像力を使って主観的・共感的に子どもを捉え、それを常に修正します。保育者の柔軟な行為には、「アセスメント」よりも「把握」という言葉がふさわしいと考えたためです。

第1部　子どもの把握と理解とは

第1章　子どもの把握と理解とは何か
第2章　保育者が子どもを把握し理解する視点
第3章　保育者が子どもを把握し理解する方法

第2部　子どもの感情・行動・認知に影響を与える主な要因

第4章　睡眠
第5章　食べ物

第6章　化学物質
第7章　運動と外遊び
第8章　映像メディア
第9章　個による違い

第10章　生得的・後天的な障害
第11章　脳と遺伝子
第12章　大人の関わりと保育環境
第13章　乳幼児期独自の発達の姿

第14章　知識を実践へ活用する際の留意点

第3部　把握と理解に基づく保育と保護者支援への展開

第15章　子どもの把握と理解に基づく展開の原則
第16章　子どもの育ちを保育で支える
第17章　課題を保育へと展開する
第18章　家庭や地域と共に子どもの育ちを支える

目 次

第 1 部　子どもの把握と理解とは

第3部　把握と理解に基づく保育と保護者支援への展開

第1部

子どもの把握と理解とは

第 1 章
子どもの 把握と理解とは何か

1 把握し理解することの重要性

保育者は常に子どもを把握しようとしている

　保育者は、日々子どもを把握する技術を使っています。顔色はどうか、熱はないか、どんな遊びをしているのかなど、保育者は常に一人ひとりの子どもに気持ちを向けています。

　こども園や保育園等の集団の保育では、一人の保育者が数人から数十人の子どもを見ています。保育者は、常に動き回り様々な活動をする一人ひとりの子どもと、子どもの集団全体に目を向けようとしています。たとえ一人の子どもと関わっているときにも、他の子どもたちの様子にも気を配るという、まさに"神業"を日々行っているのです。

子どもの把握と理解から保育ははじまる

　保育者は、まずは子どもをよく見て、どのような環境を構成するか、どのような絵本を読むか、どのように関わるかなどを決めています。保育は、子どもの把握と理解から始まります。

　たとえば、「朝の支度をせずに遊び始めるという行動」があるときには、その子どもをよく見て、その子どもとよく関わってみなければその理由はわかりません。その子どもが朝の支度をしないことには、保育室の物的配置が悪い、支度の手順が多すぎる、その子どもが上着を脱ぐことが難しい、遊びたいことや夢中になっていることがあるなど、様々な推測ができます。保育者が子どもの行動をどのように理解するかによって、ねらいも援助も評価も異なるのです。

2 把握と理解の違い

把握と理解は異なる

　子どもを把握することと、子どもを理解することは違います。たとえば医師は、まず相手の症状を聞いて検査をし、病状をよく把握してから診断をして治療方針を立てます。保育者が行う「子どもの把握」は医療でいえば診察にあたり、「子どもの理解」は診断にあたります。もしも医師が診察もせずに「あなたはガンですから手術をしましょう」と診断をして治療を決めたらとても驚くでしょう。

保育者は、「把握」してから「理解」する

　保育者は、子どもと子どもの家庭環境等を把握した上で、その子どもの感情や行動を理解しようとします。「把握」は、子どもと子どもの環境に関する事実を集めることです。これに対して「理解」は、把握した情報をもとに子どもの感情や行動の背景等を推測することです。そのため、理解は事実とは言えません。

　しかし保育者は、「把握」をぬきにして「理解」をしたつもりになることもできます。たとえば乱暴な子どもを見て、把握をせずに「親の愛情不足だろう」と推測するなどです。

保育者には「把握」ぬきの「理解」が勧められてきた

　これまでの保育では、「声かけ」や「言葉がけ」、「ほめ方」や「叱り方」のような、保育者から子どもへの一方向な働きかけが重視されてきました。また養成課程には「子どもの理解」の科目はあっても、「把握」の方法は教授されてきませんでした。

　保育者にも、障害のある子どもの場合は、把握することが求められています。しかし障害があってもなくても、すべての子どもが特別な存在です。子どもは、見え方も感じ方も家庭環境も一人ひとり異なります。保育者が自分の経験や考えだけで子どもの感情や行動を推測することは不可能です。子どもを理解する前に、まず子どもと子どもの環境を把握することが必要なのです。

3 把握することでよりよい理解ができる

把握しないと見えないもの

　保育者は、その子どもとその子どもを取り巻く環境を把握することで、その子どもの感情や行動を理解できます。たとえば、激しいかんしゃくを起こし、本人も周囲も困っているというAちゃんがいるとします。そのかんしゃくという目に見える行動の背景には、様々な要因が考えられます。実は母親が入院していて睡眠不足や食事不足が続いていることや、その子どもをからかう周囲の子どもの行動が原因であるなども考えられます。しかしこのような背景は、保育者がその子どもとその子どもの環境を把握していこうとしなければ、見えてこないものです。

把握すれば見方が変わる

　保育者が、その子どもをよく把握していこうとすることで、その子どもの理解が進みます。たとえば、母親が入院していることを知った保育者は、Aちゃんを「困った子」から「よく頑張っている子」とまなざしが変わるでしょう。また周囲の友達がからかうことが原因だとわかれば、適切な対応もしやすくなるでしょう。

把握と理解は試行錯誤

　ただ子どもに影響を与える要因は複数あり、複雑にからみあっています。また、どんなに高い専門性をもっている保育者でも、自分とは性格も育ち方も、見え方も聞こえ方も違う他者を、完璧に理解することはできません。「理解」は、思い込みでもできます。しかし「把握」には、専門知識が必要です。専門性の高い保育者ほど、「私はその子のことをまだよくわかっていない」「私が見ているその子の姿は園の中での一側面にすぎない」という謙虚な姿勢で、子どもをよく知ろうとするのではないでしょうか。

目に見える行動の背景を把握する

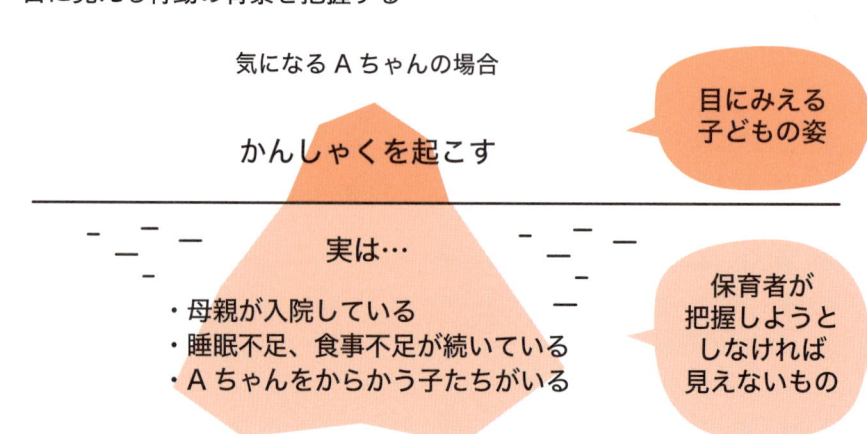

気になるAちゃんの場合

かんしゃくを起こす

目にみえる子どもの姿

実は…
・母親が入院している
・睡眠不足、食事不足が続いている
・Aちゃんをからかう子たちがいる

保育者が把握しようとしなければ見えないもの

4 把握によって適切な援助が見つけやすくなる

知識があると「〜〜かも力」が高まる

　専門知識が豊かな保育者は、子どもの課題に対して、「A かもしれない」「B かもしれない」と多くの仮説を立てることができます。そのため多様な働きかけも行いやすくなります。

　たとえば、他の子どもと頻繁（ひんぱん）にトラブルが起きる子どもがいるとします。その際、感覚過敏（かびん）の子どもがいることや、見え方・聞こえ方・感じ方は人によって違うことを知っている保育者は、トラブルの原因としてその子どもの感覚の敏感さを想定することができます。友達に触（さわ）られて激怒（げきど）する子どもに対して、「こわかったんだね」と気持ちに寄り添った関わりをすることもできます。身体感覚を育てる遊びを多く取り入れて、感覚の発達を促すこともできます。反対に専門知識が少ないと、友達とのトラブルがあるたびに、「なんでそんなことぐらいで怒るの」と子どもを叱りつけ、ますますその子どもの気持ちを不安定にしてしまいかねません。

学ぶことで把握が進む

　専門知識は、本を読むなど、学び続けることで増やすことができます。ただ専門知識が増えると、子どもの姿や内面がよく見えるようになります。そのため保育の喜びが増える半面、気になることも増えるようになります。保育者の学びと成長が止まっていると、迷うことも悩むこともありません。学びによって迷いや悩みが増えることは、専門性の高まりの証（あかし）だと考えることができます。

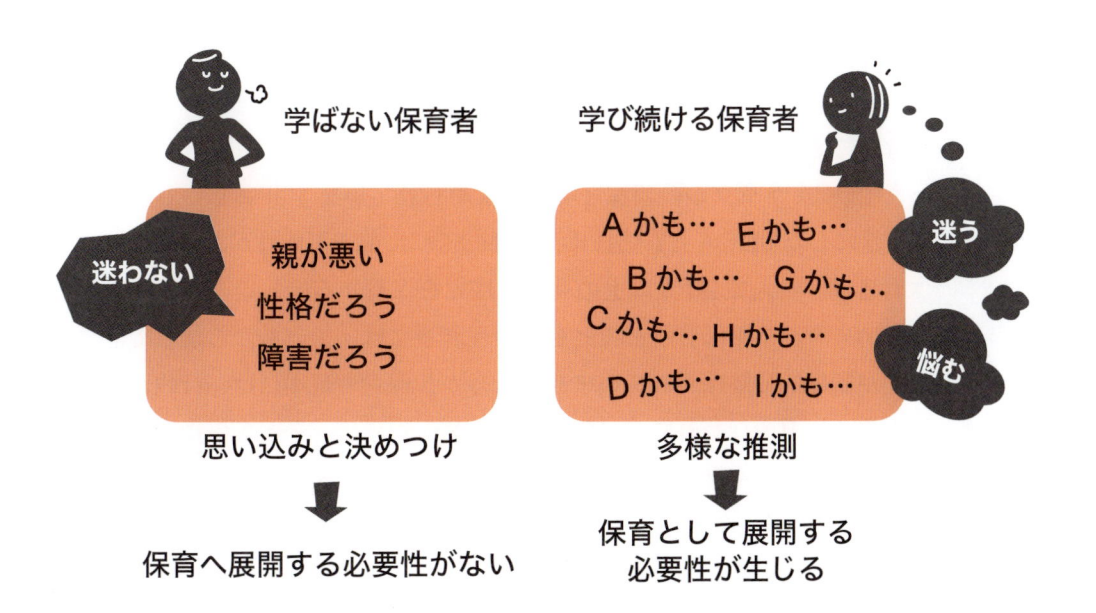

5 子どもを把握し理解するプロセス

専門知識の習得→把握→理解→展開へ

　保育士と保育教諭は教育と福祉の専門職であり、その実践は専門知識に基づいて行うものです。そのため子どもを把握し理解する省察的実践は、専門知識の学習から始まります（下図）。まず子どもの把握と理解の方法、把握する視点、子どもに影響を与えるものなど、専門知識を習得します。

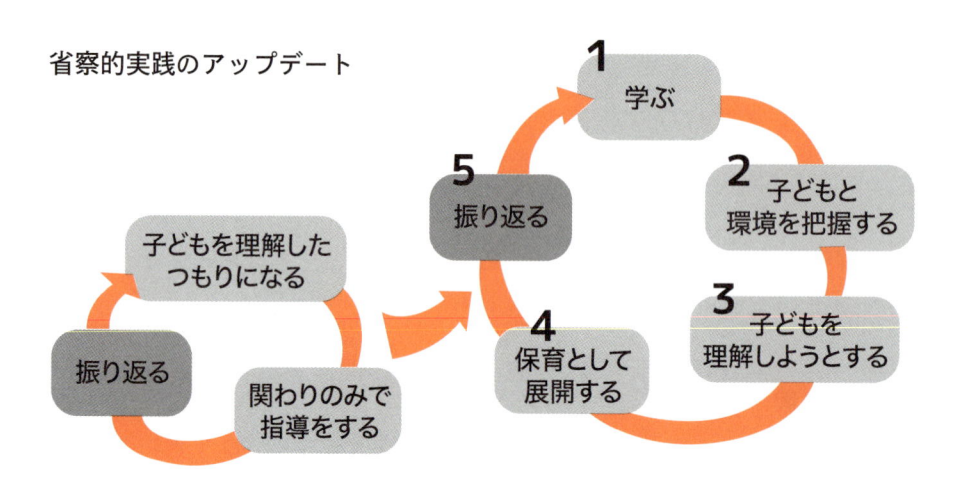

省察的実践のアップデート

　その上で、子どもと子どもを取り巻く環境を把握します。子どもとその環境を把握する際には、同僚や保護者との対話を行います。そして把握した情報をもとに子どもを理解しようとし、その理解に基づいて保育に展開します。そして振り返りを行い、また必要な学習を行い、新たな視点から把握し保育へと展開します。このような試行錯誤の連続によって、次第に子どもの理解に近づいていきます。

「PDCA」だけでは這い回る経験主義に

　日本の保育者には、カリキュラムマネジメントとして教育課程の編成・実施・評価・改善といった PDCA サイクルの理解と実施が求められています [1]。しかし、専門知識の学習を抜きにした PDCA は、"這い回る経験主義"に陥る可能性があります。

　日本の保育者は、一人で 30 人以上の 4、5 歳児を保育する厳しい人的配置基準で保育を行っています。また保育所とこども園の保育者には、子どもから離れて記録を作成する時間が制度的に確保されていません。しかし保育の現場には、行政から計画や評価を重視する指導が行われています。そのため保育者は、子どもの把握や環境の構成等、保育の展開の質を高める時間が後回しになっています。保育者は、記録の作成よりも、子どもと子どもの環境を把握し、保育の展開の質を高めることに優先的に時間を使う必要があります。

6 子どもの把握に影響を与える前提条件（ぜんてい）

子どもを把握しやすい環境を通した保育

子ども一人ひとりを把握し理解するためには、指針や要領に基づいた子どもの主体的な活動を中心とした保育が前提となります（右図）。

保育者が、遊びや生活の場面で子どもを把握できるかどうかは、園の物的環境・時間の環境に影響を受けます。主体的な遊びや活動が中心の場合、保育者は、一人ひとりの子どもに関心を向けるゆとりがあります。保育者は、応答的な関わりが中心となるため、子どもの気持ちや考え、欲求等を聴くことができます。

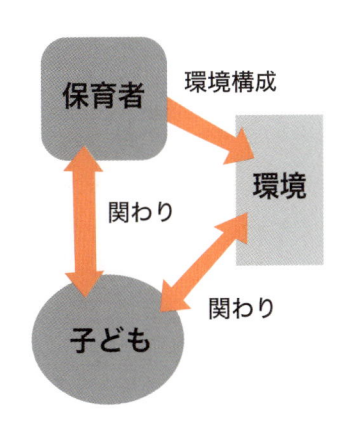

子どもを把握しにくい一方的な指導中心の保育

その一方で、保育者が子どもの前に立って指導することが中心の保育では、保育者は、自分が指導をすることで精一杯になります。一斉の活動は、子どもたちの能力が同じであることを前提としています。しかし乳幼児期の子どもは、個人差がとても大きいものです。そのため一斉の活動では、保育者は子どもを急がせたり、待たせたりする必要が生じます。その結果、保育者の関わりは一方的な指示や言葉かけが中心となり、一人ひとりの思いや考えをじっくりと聞きとるゆとりがありません（右図）。

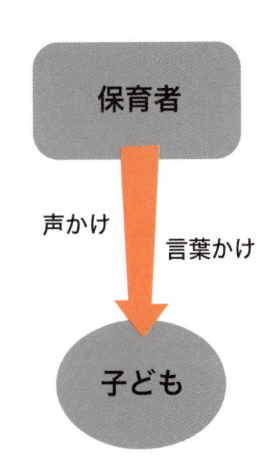

把握は計画と記録の様式に影響を受ける

また、保育者が何を把握するかは、計画や記録の枠組みに影響を受けます。たとえば、計画や記録に「健康・人間関係・環境・言葉・表現」とあれば、保育者は子どもの発達という観点から子どもを把握しようとするでしょう。「安心・探索・コミュニケーション・貢献・所属」という枠組み [2] で記録を書く保育者は、その視点から子どもの姿を見ようとします。保育の計画や記録の枠組みは、保育者の子どもへのまなざしに影響を与えています。

(1) 文部科学省「幼児の思いをつなぐ指導計画の作成と保育の展開」令和3年2月
(2) ニュージーランドのティファリキの視点を参照した。七木田敦 他『「子育て先進国」ニュージーランドの保育：歴史と文化が紡ぐ家族支援と幼児教育』福村出版、2015

▶演習1　現在の「子どもを把握する力」を確認する

　本演習は、今自身が持っている子どもの把握と理解に関する知識と技術を確認するものです。

　表のタイトル行には日付欄があります。左側に本日の日付を入れます。そして「頻繁に友達をたたいたり押したりする3歳のAちゃんの行動」の背景について思いつく要因を、下に箇条書きで書いていきます。時間は2分間です。

　表の右側は、本書を読み終わった後に記入します。

頻繁に友達をたたいたり押したりする
Aちゃん（3歳）の行動の要因として考えられるもの

年　　月　　日　に記入	年　　月　　日　本書読了後に記入
・ ・ ・	・ ・ ・

年　月　日　に記入	年　月　日　本書読了後に記入
・ ・ ・	・ ・ ・

第2章
保育者が子どもを把握し理解する視点

1　保育者は総合的に把握する

集団の中で一人ひとりを把握することの難しさ

　臨床心理士や社会福祉士は、主に面談室で面接・観察・検査等の方法を使って相手の情報を収集します。相談の場で個別にアセスメントを行う専門職は、把握の方法も整理されやすいため、手順や視点がある程度共有化されています。

　これに対して保育者が行う子どもの把握は相手が集団です。また保育者は、子どもの把握を遊びや生活といった複雑な状況のなかで行います。そのため子どもの把握は難しく、子どもをどのように把握するかについては方法や視点が整理されていません。

体も心も、環境も把握する

　保育者が子どもを把握する視点も多岐に渡ります。医師は体を診断します。臨床心理士は心に焦点を当てます。保育者は、体も心も把握します。その上、その子どもを取り巻く環境も把握します。

　個と環境を総合的に把握すると、理解できることや援助できることが増えます。たとえば、ある一本の枯れ始めた木があったときに葉や枝の状態など、その木をよく観察することで把握できることがあります。しかし観察だけでは、根や幹の中がどんな状態かは見えません。木が枯れる要因は、虫や鳥、気候の変動や大気汚染、近隣の水質や土壌の変化かもしれません。一本の木を理解するためにも、その木だけではなく、木を取り巻く環境全体の把握が必要です。

　保育者の把握の特徴は、集団での生活や遊びという複雑な状況の中で、一人ひとりの子どもと、その環境を総合的に把握することにあります。

把握と理解には、幅広い知識が必要

　人間は木よりもずっと複雑です。子どもの感情や行動等に影響を及ぼすと考えられているものは多岐にわたります。養成課程では発達心理学や栄養学を学びますが、その他にも生理学、生物学、脳神経科学、免疫学（めんえき）、環境心理学、人格心理学等の知見は、子どもを把握し理解するために役立ちます。しかし保育者がこのような幅広い学問を養成課程で学ぶことは現実的ではありません。

　保育者は、子どもの行動や感情の表現といった目に見えるものを把握すると同時に、子どもを取り巻く環境と子どもの内側を把握します。

2　子どもを取り巻く環境の視点

子どもの環境を五つの視点で把握する

　子どもを取り巻く環境として把握する視点には、主に下のような五つがあります。

　どの環境に強く影響を受けているかは、子どもによって異なります。たびたび入院する子どもは、病院での経験に強い影響を受けているかもしれません。

①園　　②家庭　　③病院・療育機関等　　④地域社会　　⑤映像メディア

環境は日々時々に子どもに影響を与える

　子どもを取り巻く環境は、子どもの感情や行動に日々影響を与えています。たとえば家庭により食事や睡眠の状況は違います。また園の保育内容も子どもの感情や行動に影響を与えています。たとえば同じ1歳児クラスでも外遊びをしない園と、毎日外遊びをする園では、子どもたちには様々な影響があることが考えられるでしょう。

　地域社会の環境により子どもの経験には差異が生じます。家庭や園、地域社会には、部屋の広さや道路事情のような物理的な環境が含まれます。映像メディアの環境は、その内容が子どもの言葉や行動に影響を与えるとともに、脳疲労といった生理的な変化を引き起こすこともあります。これらの詳細（しょうさい）は第2部で解説を行います。

3 子どもの内側を把握する視点

心理・生理・器質（形質）

　保育者が子どもの内側を把握する視点には、心理と生理と器質（形質）の三つがあります。学術的には様々な分類がありますが、これは保育者が捉える枠組みです。

　一つ目は、心理的な視点です。喜びや嫉妬等の感情は、保育者にとって最も推測しやすいものです。最も推測しやすいために、大人は子どもに気になる行動があると、つい子どもの「心の問題」として捉えがちです。心理の視点は、誰もがもっている視点と言えます。

　二つ目の生理の視点は、食事や睡眠、運動、投薬等、身体の生理機能の状態です。生理的な状態は日々変化するものです。

　三つ目の器質（形質）の視点は、身体や脳や内臓等の器質的な状態です。背が高い、歯並びが悪いなど、目に見える器質（形質）の他に、内臓や脳の状態のように目には見えにくい器質（形質）があります。器質的な障害には、脳の障害や遺伝で目が見えないなど、生まれつきのものと、事故や病気等で生じる後天的な障害があります。

子どもの感情と行動等には心理・生理・器質（形質）が影響する

　心理・生理・器質（形質）は、それぞれに影響を及ぼし合います。

　たとえば赤ちゃんは、お腹が空いたり眠くなったりすると泣きます。同様にお腹が空いている幼児や眠い幼児は情緒が不安定になります。これは生理的な状態が心理的な状態に影響を与えている例です。また子どもの生理的な状態は、長期的には神経や筋肉等の器質（形質）にも影響を与えます。たとえば栄養不足が続くと、脳神経という器質（形質）の発達に影響を及ぼします。

　心理的な状態や、食事や睡眠等の生理的な状態は日々変化しますが、器質（形質）は変化には時間がかかります。

4 心理・生理・器質（形質）に変化をもたらす主な要因

　心理・生理・器質（形質）に変化をもたらすと考えられている主な要因には、成長発達による変化の他に、下の表のようなものが挙げられます。

　たとえば、生理には、病気やアレルギー、睡眠、食事、化学物質、薬等があります。器質（形質）には、生まれつきの個体差（遺伝、脳、身体、機能等の特徴等）や事故等があります。心理には、保育室の環境、保育者の関わり方、友達との関係等があります。

　第2部で主な要因について解説を行いますので、ここでは項目を挙げるに留めます。

心理・生理・器質（形質）に変化をもたらす主な要因の例

	主な要因
生理	病気やアレルギー、睡眠時間と睡眠の状態、食事の時間、食事の内容、化学物質、薬、受動喫煙、外遊び（日光）、運動、色・光点滅・変化等の視覚刺激、映像メディア、音、匂い等
器質（形質）	生まれつきの個体差（遺伝、脳、身体、機能等の特徴等） 早期産、低体重児、多胎児 生まれつきの障害 交通事故や病変、虐待等による後天的な障害等
心理	保育室、園庭の物理的環境、保育者、不適切な保育、友達との関係、保護者との関係、家庭の状況、不適切な養育、メディアの内容、動物、植物、音楽、過去の強い恐怖体験等

5 保育者は子どもとその環境を総合的に把握する

保育者が把握する視点の全体像

　ここまでの保育者が子どもを把握する視点を整理すると、下の図のようになります。図の内側の円は、子どもを把握する視点です。外側の円は、その子どもをとりまく環境の視点です。

　子どもを把握する視点は、心理と生理と器質（形質）の三つがあります。子どもをとりまく環境の視点は、家庭、園、病院・療育機関等、地域社会、映像メディアの五つがあります。

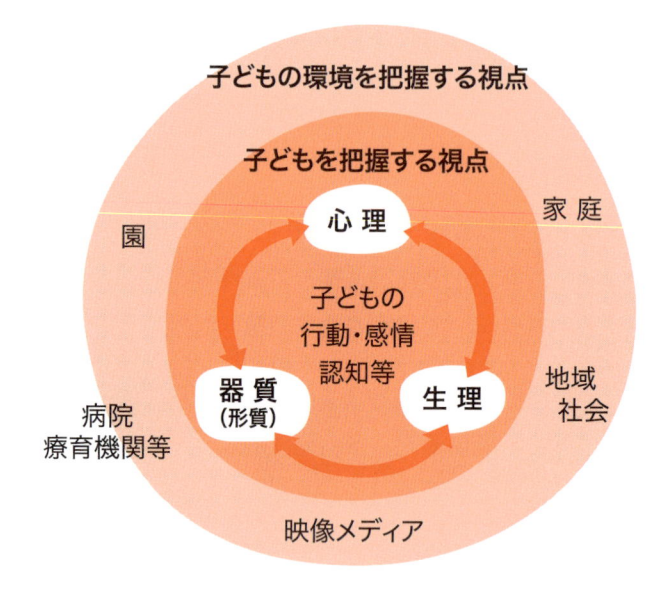

子どもの内側の状態と外側の状態は相互に影響を与えている

　子どもの内側の状態と、子どもを取り巻く外側の環境は、相互に影響を与えています。たとえば子どもは家庭によってどのような食事を食べるかが変わり（環境）、それは子どもの脳や身体の機能に影響を及ぼします（生理）。その結果として子どもの情緒が不安定になることがあります（心理）。栄養が不足すると体重が増えないなどが起きます（器質（形質））。

　保育者がもつ視点は援助に影響を及ぼします。友達への攻撃行動が多い子どもに対して、「心理」の視点をもっている保育者は、叱る、ほめるといった心理的なアプローチを行います。くわえて「生理」や「器質（形質）」という視点をもっている保育者は、「朝食を食べていないのではないか」「感覚が過敏なのではないか」等、様々な推測ができるようになります。心理以外の視点をもつことで、その子どもの困り感をより理解しやすくなり、適切な援助を発見しやすくなるでしょう。

▶演習2　第1部の読み合わせを行い、互いの意見を聴き合う

　本書は一人で読むだけではなく、保育を行うチームで、ペアやグループをつくって読み合うことを勧めています。その理由は、黙って読むだけよりも、声に出して読む、内容を人に説明する、自分の考えを話すことを行うと、学習効果が高いからです。

　また、保育はチームで行います。一人だけが高い専門性をもつよりも、全員が少しずつ専門性を高める方がチームづくりの上で有効です。

　一つの章は、約20分から30分程度で読み合わせと意見交換ができます。園全体で集まって研修を行わなくても、「次の職員会議までに各クラスで〇章を読みましょう」と、各クラス毎に学習の目安を示すなどして、園全体の学習を促すことができます。

　読み合わせの方法としては、以下を参考にしてください。

1. 初めて本の読み合わせをする場合には、「はじめに」を学習するメンバー（園、クラス、友人等）全員で息を合わせて（人の声をよく聴いて合わせることを大切にして）読む。

2. 一回の読み合わせ（20分〜30分）は、1章分ずつ進めていく。

3. 2人〜4人のグループに分かれて読み合わせをする。

4. 交代で本文を読んでいく。読む人は、聞く人に内容が伝わりやすいように読む。大きな声ではなく相手の体に届く声で読むように努める。内容が伝わるように、間をとり言葉をていねいに読む。聞く人は、本の内容と対話をするつもりで、同感、違和感、疑問点等を本文や付箋紙にメモをしながら聞く。

5. 1章分を読み終わったら、お互いの意見を聴き合う。グループで学びが深まるように自分の経験やクラスの子どもと照らし合わせながら意見交換を行う。(10分程度)

第3章

保育者が子どもを把握し理解する方法

　保育者は、遊びや生活といった自然な場面で子どもを把握し理解しようとしています。現在、保育者の子ども理解を促すために、文章や写真の記録による振り返りが推奨されています。本章では、子どもの把握と理解につながる方法として、記録以外の方法を紹介します。

1　遊びや生活のなかで子どもを把握する方法

主観・客観の両方から把握する

　保育は集団を対象に行い、遊びや生活の場面は複雑です。そのような複雑な状況のなかで、ある子どもを把握するためには視点として「問い」をもつことが大切です。

　保育者は専門職として客観的に子どもの保育を行いますが、同時に子どもと一緒に遊び共感的な関係をもちます。同様に子どもを把握する際にも、目に見える行動や表情等を客観的に捉えることと、子どもの内側に入り込むようにして共感的、主観的に理解する方法の両方の視点をもちます。

客観的な視点から

　客観的に観察する立場からは、子どもの姿勢や動き、表情やまなざし、遊びの内容や熱中するもの、友達との関わりや発言などをよく見てよく聞くことで子どもを把握します。それらから保育者は、その子は体調が悪いのではないかなどの生理的な状態や、寂しいのではないかなどの心理的な状態を推測します。

主観的な視点から

　主観的で共感的な立場からは、その子どもからは保育室がどう見えているのか、興味のあるものは何かなど、子どもの横に並び、その子どもの内側に入りこむようにして、

子どもの感情や行動を把握します。子どもの姿勢や動きを真似することで、子どもの内面を感じ、見え方、聞こえ方の特徴に気づくこともあるでしょう。

生活や遊びの場面では多面的に把握できる

　生活や遊びの様子からは、その子どもの運動機能、生活習慣の習得、人間関係・言葉・表現・環境の認識の発達等を把握できます。乳幼児の発達の把握に関しては、第13章を参照ください。また、領域別の0歳から就学前の発達は『保育内容 5領域の展開』を参照ください。なお、幼児期の「学び」に焦点化した把握については、ティファリキの関連図書に詳しい説明があります。

遊びや生活の場面で子どもを把握する問いの例

目は輝いているか

どのような表情をしているか

どのような姿勢や動き（体の緊張、ゆるみなど）をしているか

どのような遊びをしているか

いつもいる場所、熱中していることは何か

どんなおもしろさを感じているか

この子が困っていることは何か

どのような平衡感覚、協調運動、リズム感覚が育っているか

どんな肌（つや、乾燥、湿疹、あかぎれ等）をしているか

耳、目、鼻、指、顎、舌、歯、髪などに特徴はあるか

この子には、周囲の環境はどのように見えているのか

この子には、周囲の音はどのように聞こえているのか

この子は、体を触られることをどのように感じているのか

この子は、食べ物の感触をどのように感じているのか

自分の体をどのように感じているか（痛みを感じているか等）

鼻水や咳、目ヤニは出ていないか

汗をかくか。どの時間に体温が高いか

機嫌が悪い、良い時間はどの曜日でどの時間か

食事の量、好き嫌い、食べる時間、飲み込みはどうか

午睡の量と質はどのようなものか

2 子どもと人や環境との関係を把握する方法

その行動を引き起こしているものは何か

　子どもの感情や行動は、環境から引き出されているものです。保育者は何か子どもに気になる感情や行動があるときには、その感情や行動を引き起こしている「環境」を把握するようにします。

　たとえば、子どもが他の子に「ダメ〜！」と大きな声を出している場面を考えてみましょう。その子どもが「ダメ」と言っている背景には、今自分が使っていたものを取ろうとしたという「状況によるもの」や、狭くうるさい部屋の中で遊んでいるという「物的環境の乏しさ」や「音環境の悪さ」、保育者が子どもに厳しく接するために常時ストレスを感じているという「人的環境の悪さ」も考えられます。環境による感情や行動への影響は、一部の敏感な子どもにだけ現れることがあります。

　その行動が起きるのは、どの時間帯なのか。室内でも園庭でも起きるのか。A 先生のときにも B 先生のときにも起きるのかなど、状況をていねいに把握することで、行動の背景を理解しやすくなります。

保育者の信念や指導を見直す

　また、保育者の信念によって、子どもの行動がゆがんで見えている場合もあります。たとえば、乳幼児期には多少の好き嫌いがあることは自然な姿であり、とくにアクのある野菜はごく少量の毒を含むため、多くの幼児が嫌います。しかし「食べ物は好き嫌いなく全部残さずに食べなければならない」という信念をもっている保育者は、好き嫌いのある子どもの行動を「問題行動」として捉えてしまいます。そのような保育者は、子どもに強いプレッシャーをかけるため、子どもはよけいに好き嫌いが強まることが起こります。

　子どもの感情や行動を引き出す環境には、保育者のまなざしや指導も含まれます。

子どもと環境の関係を把握する問いの例

この子にとって、保育室は安心できる場か

園庭と保育室では、行動がどのように違うか

この子は、どの時間には安心しているか

この子は、どのような場では安心しているか

この子は、保育者からどんなまなざしを受けているか

この子は、保育者をどのように感じているか

この子は、他の子からどんなまなざしを受けているか

この子は、他の子からどんなことを言われているか

この子は、他の子をどのように感じているか

この子は、誰と、どんなときにつながっているか

（保育者が困る行動があるとき）そこにどんなアフォーダンスがあったのか

（保育者が困る行動があるとき）何が、そうさせたのか

MEMO

3　子どもの言葉を把握する方法

子どもの言葉を聞こうとする

　保育者が耳を傾ければ、子どもの声やつぶやき、会話を聞くことができます。子どもの声にはその子どもの感情の状態が現れます。子どものひとり言であるつぶやきには子どものイメージや考えが現れます。子どもの行動の意図も、保育者が「何をしたかったの」と聞くことで把握ができます。

子どもは繰り返し聞いている言葉を話す

　子どもの心の中は見えませんが、言葉は客観的に把握し記録することができます。

　子どもは、繰り返し聞いている言葉や、強い印象を受けた言葉をよく使います。言葉を把握することによって、子どもが頭のなかで描いているイメージを推測できます。子どもの言葉は、子どもを取り巻く環境を反映しています。子どもの言葉からは、保護者や保育者が、その子どもにどんな言葉を話しているか、どのような映像メディアを見せているかがわかります。

やりとりとしての言葉とやりとりではない言葉

　赤ちゃんがはじめて話す初語にも二種類あります。「パパ」や「チャ（お茶）」などのように人とのやりとりの中で学んだ言葉と、「トーマス」などのようにそれまでに繰り返し見ていた映像メディアで覚えた言葉があります。同様に、幼児期の子どもが使う言葉には、人とやりとりをするためのコミュニケーションとして使う言葉と、場面の再現として話している言葉があります。場面の再現として話す言葉とは、テレビのコマーシャルや保育者に言われたことを繰り返す言葉です。保育者は、このような子どもの言葉の質に関心をもつようにします。子どもの言葉を聴けば、子どもの生活環境の推測ができます。話し言葉の発達と活動の詳細は、『保育内容5領域の展開』第2部第7章を参照ください。

子どもの言葉を把握する問いの例

視線を合わせることを好むか

（3か月頃から）どのような喃語を話しているか

あやされると声をたてて笑うか

（10か月頃から）大人の言葉を理解しているか

非言語のコミュニケーション（指差しや社会的参照等）が豊かか

大人の真似（バイバイなど）をするか

子どもの声は、保護者の声と似ているか。裏声か

人とのコミュニケーションとして言葉を使っているか

ひとり言では何を言っているか

どのような言葉や内容をよく話すか

MEMO

4 子どもの絵を把握する方法

絵は心の風景

　子どもの絵の内容には、子どもの心の風景が現れます。子どもは、絵に喜びや感動、面白い体験等を描くこともあれば、苦しみや怒り、恐怖等の負の感情を描くこともあります。たとえば、子どもは虐待や災害、衝撃的な映像視聴等で自分が受けとめきれない体験をしたとき、それらを吐き出すように絵を何枚も描くことがあります。そのため子どもの絵は、保育者が「じょうずね」「すごいね」「よく描けたね」等、上手い・下手で評価する性質のものではありません。

　保育者は、子どもの心の中をのぞくことはできませんが、子どもの絵を見ることでその子どもの心の風景を想像することができます。

絵の雰囲気を感じる

　絵の雰囲気からは、嬉しい、気持ちいい、苦しい、寂しいなど、その子どもの"心の風景"を感じられることがあります。保育者を怖いと感じている子どもは、保育者の目を黒々と塗りつぶします。筆者も死体を何十枚も描いた子どもを見ましたが、カウンセラーの三沢直子は殺人を描く子どもがいることを指摘しています[1]。

絵の内容を見る

　子どもが自由に描いた絵には、子どもの内面、関心が現れます。1、2歳児は家族を描くことが多いですが、4、5歳になると友達を多く描くようになります。また友達と遊ぶことが楽しい子どもは友達を多く描き、スマホゲームが好きな子どもはゲームの画面を描きます。子どもが描く友達の人数は子どもによって違います。友達を全く描かない子どももいます。

表現を見る

　子どもが描く絵の内容には、子どもの認識の発達が現れます。たとえば、ママやパパを丸で描いていた子どもが、頭からそのまま足が出る頭足人を描き、胴体を描くようになります。自分の指を強く意識すると指を大きく描き、口を意識すると口が描かれます。上下を意識するようになると、絵に基底線や太陽が現れます。

自由に絵を描く環境をつくる

　ここで説明したことは、子どもが自由に描く絵に関することです。保育者が指示をする描画活動では、子どもたちは自分の内面を自由に表現することはできません。また、小さい紙や立体物に描くなど、子どもが自由に描けない絵では、こうした特徴は現れにくくなります。

子どもを決めつける材料にしない

　子どもが自由に描いた絵を見ることは、客観的に子どもを把握しやすい方法の一つです。ただし、絵による子どもの把握はとてもわかりやすいため、子どもを決めつける材料として使わないように留意する必要があります。発達に伴う絵の変化については、第2部 第13章4（6）を参照ください。

子どもの絵を把握するための問いの例

絵から感じる印象はどのようなものか

どのような場面、経験を描いているか

絵のなかに自分を描いているか

人を描いているか、何を描いているか

人の描き方は丸か、頭足人か、胴体があるか、手指があるか

描いた人の頭と身体のバランスはどうか

線の太さや伸びやかさはどうか。線に特徴はあるか

物語を聞いて、想像画を描くか

描いた絵を塗りつぶすことが多いか

絵のなかに文字や数字が書かれているか

---

(1) 三沢直子『殺意をえがく子どもたち：大人への警告』学陽書房、1998

5 家庭の生活を把握する方法

入園前の把握

　出生から入園までの子どもの育ちと家庭の状況は、入園時の書類や面談で把握し、その情報を保育者で共有します。

　家庭と子どもをよく理解するために、"慣れ保育"の期間を設けて親子通園を促し、保護者の抱き方、寝かせ方や食べさせ方、関わり方などを把握する園もあります。親子通園では、家庭での保護者のやり方を保育者が見ることができます。その子どもがどんな遊びが好きで、どんなことに興味をもっているのか、どんな育児用品を使っているのか、また保護者の子育ての考え方や子どもへの願いなども、親子通園のなかで聞き取ることができます。保育者が、「子どもさんのことを私たちに教えてください。親御さんの願いを私たちに話してください、一緒に子育てをしていきましょう」という姿勢を示せば、保護者も安心して子どもを預けることができます。また、家庭のやり方をよく把握し保護者の願いを理解しようとすることで、子どもが家庭との大きなギャップで困らないように配慮できます。

入園後の把握

　入園後の家庭の生活の状況は、保護者の表情や行動とともに、服装や持ち物にも現れます。靴や洋服には家庭の文化が現れます。保護者の忘れ物が急に増えたときには、保護者は精神的にゆとりがないことを推測できるでしょう。

　家庭の生活環境は、子どもの人への信頼感、安心感等の心理や、子どもの睡眠、食事、運動等の生理に大きな影響を及ぼします。家庭の環境は日々変化します。突然家族が入院すれば、子どもの睡眠や食事、心理状態にも大きな影響があるでしょう。ある月齢から早期教育を始めることで、子どもがメディア漬けになることもあります。

　家庭や地域と共に子どもの育ちを支える方法については、第3部 第18章を参照ください。

入園面接時（入園前）に子どもと養育の状況を把握する問いの例

家や公園では、どのように遊ぶことが好きか

家での好きな玩具と絵本は、どのようなものか

家での食事は、どのようなものをどのような方法で食べているか

家でのオヤツは、どのようなものをどのような方法で食べているか

家では、どのような方法で何時頃に寝て、朝は何時頃どのように起きているか

眠くなったときの癖など、何か癖はあるか

平熱は何度か。低体温（36度未満）や、高体温（37度以上）ではないか

出産時、出産後の障害等はなかったか

手術や入院の経験は、いつどのぐらいあるか

既往症には何があるか。これまでにどのような薬を飲んでいるか

これまでどのようなケガをしているか。転んだときに手は出るか

保護者が子どもについて心配していることには何があるか

保護者が子育てで困っていることには何があるのか

入園後に家庭や地域の環境を把握する問いの例

検診や予防接種の受診状況はどうか

虫歯の状況はどうか

経済的困窮、介護、二重労働等、保護者は苦しんでいないか

子育てと家事は誰が行っているのか

保護者は、育児や生活をどのように感じているか

（たとえば両親が病気のときに）保護者が助けを求められる人はいるか

子どもは、登園前や帰宅後、休日にどのような経験をしているか

休日明けの子どもの様子はどうか

衣服や靴、持ち物はどのようなものか

送迎時の保護者と子どもの関係はどうか。どのような会話をしているか

病院通院後、療育先等から戻ってきたときの様子はどうか

病院や療育先の再現遊びをするか

地域は大気汚染や水質汚染などはないか

6 把握した情報をもとにして理解に至るプロセス

把握し理解するプロセス

保育者が子どもを理解するプロセスには三つあります。一番目に目に見える行動や感情の表出を把握します。二番目に意識的に様々な把握を行います。そして三番目に把握した事実をもとにそれらを専門知識に基づいて理解の仮説を立てます。

このプロセスの一番目と二番目の把握のプロセスを飛びぬかしたとしても、子どもを理解したつもりになることは可能です。たとえば、子どもの乱暴な行動を見て「親の愛情不足」と理解する、子どもが部屋を走り回る行動を見て「落ち着きがない性格」と理解するなどです。

理解は仮説に過ぎない

保育者は、子どもの内側に入るような心もちで、子どもの見え方、聞こえ方、感じ方などを知ろうとし、理解しようとします。

ただ、保育者の理解は、あくまでも仮説にすぎません。人は、人を完全に理解することはできないのです。

保育者は「一人ひとりを理解しましょう」とか「子どもの心に寄り添いましょう」とか言われます。しかし、人は他者の心を推測することはできても、超能力者でもない限り、他者の欲求や感情や考えを完璧に理解することはできません。大人同士でも誤解や、すれ違いはつきものであり、他者を理解することはとても難しいことです。保育者が行う子どもの理解は、あくまでも仮説であり推測にすぎません。

子ども全員を把握することは “人間業” ではない

保育者は、面談室で一人の子どもを把握するわけではありません。保育者が一人で把握し理解する対象は４、５歳児では 30 人以上です。クラスの子どもたち全員を、保育者が把握し理解することは “人間業” ではありません。保育者が子どもを理解しようとする姿勢は大切ですが、理解できないことがあったとしても自分を責める必要はありません。

理解に至るプロセス

目に見える姿

- 遊び場面の姿
- 生活場面の姿
- 人との関わり
- 物との関わり

意識的な把握

- 生理的状況
- 絵
- 声と言葉
- 身体と運動
- 家庭の状況
- 物的・時間的環境
- クラスの人間関係等

理解（仮説）

- 欲求
- 心身の状態
- 関心・志向性・個別性
- 発達・認知

子どもの把握と理解に必要な専門知識

▶演習３　チームでお互いの情報を共有し理解を深める

　一人の子どもを想定して、「保育者が把握する視点の全体像」の図（p.24）を参照しながら、その子どもを細かに把握してみましょう。（たとえば、園外へ出て行こうとする○○さんについて、他の職員との情報共有をするなど）

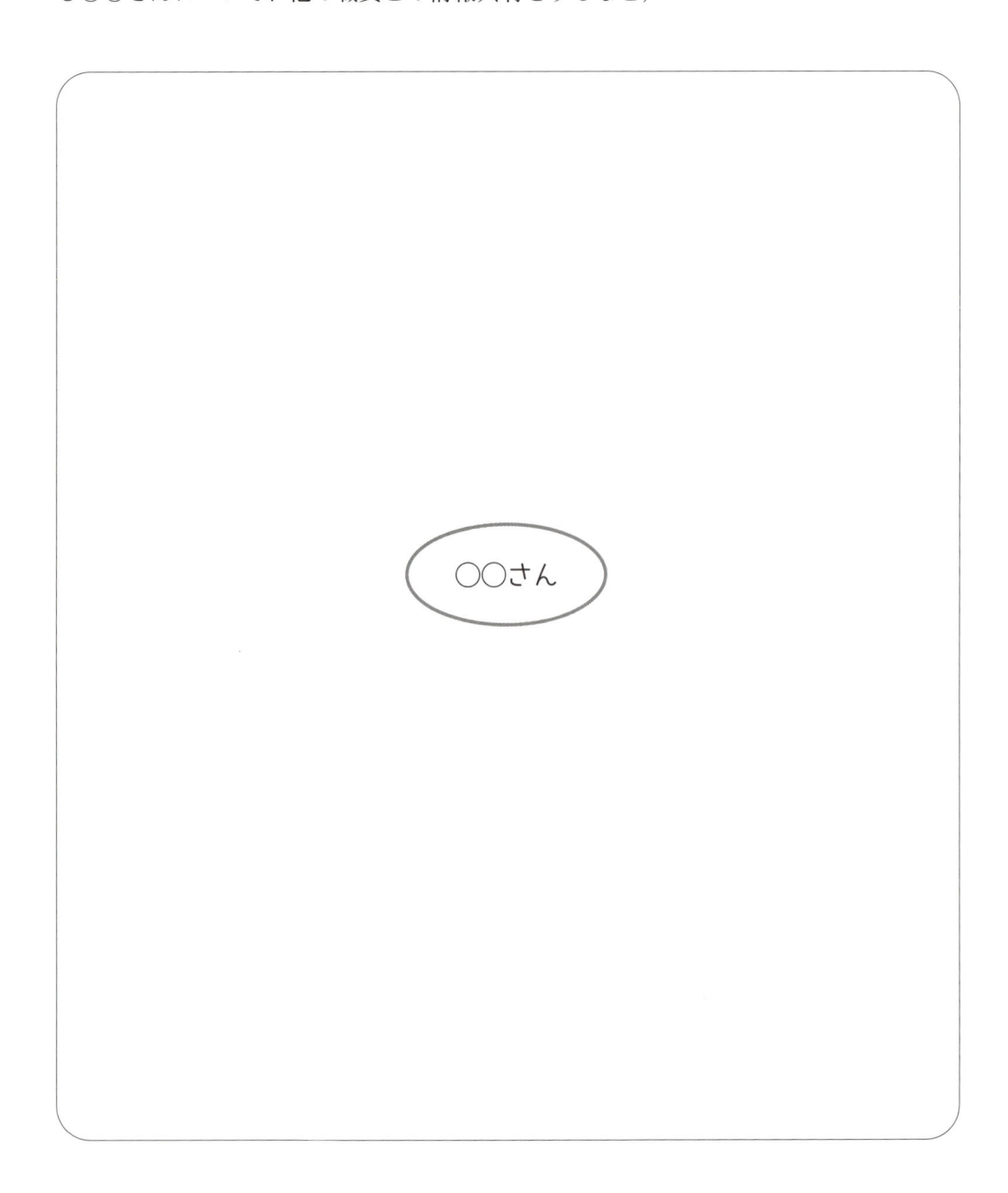

第2部

子どもの感情・行動・認知に影響を与える主な要因

第4章
睡　眠

1　自分で睡眠時間を調整できない乳幼児

日本の子どもは睡眠時間が短い

　日本の３歳未満の子どもは他国と比較して最も就寝時間が遅く、睡眠時間が短いことが指摘されています [1]。園に通う子どもの多くも睡眠不足である可能性があります。子どもの情緒が不安定なときには、まずは寝不足ではないかを確認するようにします。

乳幼児は眠いと機嫌が悪い

　赤ちゃんは、眠くなると泣き出します。これは決して大人の関わり方が悪いから泣いているわけではありません。あやせば一時的には機嫌が直っても、睡眠が充足しない限り赤ちゃんは泣き続けます。幼児も眠いときには機嫌が悪くなります。ときには友達をたたくことやかんしゃくを起こすこともあります。

　小さな子どもは、自分の体の状態を言葉で表すことができません。また、眠くなっても大人のように自分の意志で目をつぶって眠ることがなかなかできません。どんなに眠くてもギリギリまで起きて遊ぼうとするのが乳幼児の自然な姿です。乳幼児は「わたしは今眠くて不機嫌なので寝かしつけてください」とは言いません。そのため乳幼児期には、大人の寝かしつけが欠かせません。

寝かしつけられない子どもは睡眠不足がたまっている

　毎晩、大人に寝かしつけをしてもらえず、バタンと布団に倒れこむように寝ている子どもは、毎日 " 体力の限界に挑戦している " 子どもだといえます。子どもが、常に不機嫌であったり攻撃性が高かったりすると、大人はその子どもの「心」の問題だと捉え、ほめたり、愛情を注いだりといった関わり方で改善しようとしがちです。しかし、実は単なる睡眠不足で情緒が不安定な場合もあるのです。

2 機嫌よく起きて、日中元気に活動するための睡眠時間

幼児に必要な睡眠時間

　子どもの睡眠時間には、食欲と同じように個人差があります。0歳は12時間から17時間、1、2歳は11時間から14時間、3歳から5歳の幼児は10時間から13時間、6歳から13歳は9時間から11時間の睡眠が必要だと言われています[2]。夜9時に寝て朝7時に起きていても睡眠時間は10時間です。個人差があっても4歳児クラスまでは日中に昼寝が必要な子どもがいることが推測されます。

　睡眠が足りているかどうかは、朝自分で機嫌よく目覚めているかが目安になります。朝は起こされないと起きない、起きても機嫌が悪いのは睡眠不足の可能性があります。

夜ぐっすり眠るために

　夜は、7時半から8時半頃に就寝することによって深い睡眠が得られ、午前中に活動するためのホルモンが分泌されます。脳の活動リズムは、睡眠のリズムに合わせて形成されます。夜更かしになるとそのリズムがずれ、朝は起きづらく午前中は活動に集中しにくい状態になります。午前中は元気がなく、夕方のお迎えの頃にテンションが上がる子どもは、脳の活動リズムがずれている可能性があります。

　夜まとまって眠るためには、午前中に太陽の光や外気を浴び、日中は心と体をイキイキと動かし、心地よく疲労する活動が必要です[3]。また日中に不安や緊張の状態が続くと脳にストレスを与え夜の睡眠を妨げます[4]。保育者は、長く午睡をさせないことや、3時すぎまで午睡をさせないように配慮します。夜は静かにすごし、電気を暗くして就寝します。このように子どもの睡眠の確保は、園と保護者とが一緒に取り組むことが必要です。

(1) (2) 三池輝久『子どもの夜ふかし脳への脅威』集英社、2014
(3) 有田秀穂『自律神経をリセットする太陽の浴び方：幸せホルモン、セロトニンと日光浴で健康に』山と渓谷社、2018　三池輝久『子どもの夜ふかし脳への脅威』集英社、2014
(4) 三池輝久　子どもの夜更かし脳への脅威　集英社　2014

3 睡眠不足の影響

睡眠不足と子どもの発達

　研究では、1歳時点の夜の睡眠時間が長いほど、2歳になったときの思考の実行機能の成績が高いことや、睡眠リズムができている子どもほど、幼児期の知的能力が高いと報告されています [5]。

　夜更かしで不規則な睡眠の子ども（4～6歳）は、規則的な睡眠の子どもと比べて抑うつや攻撃的行動の傾向が高いことが明らかになっています [6]。睡眠不足は脳の発達を遅らせ、生体リズムの混乱が脳機能の混乱をもたらし、それが発達障害の原因の一つであることを指摘する研究者もいます [7]。たとえば小児神経が専門の医師の瀬川昌也は、睡眠リズムの発達が阻害されると、母子関係、対人関係の障害、環境への適応障害、同一性の保持といった自閉症の兆候、抗重力筋の発達の障害、協調運動の発達の障害、利き手発達の遅れ、言語発達の遅れなどが生じると指摘しています。

睡眠不足による脳疲労

　睡眠は、心身の疲労の回復と学習の定着のために欠かせません。睡眠不足が続くと、身体も脳も疲労状態を起こしそれが心身の健康に悪影響を及ぼすことがあります。午前中は活気がなく、怒りっぽい、攻撃行動が多い、よく泣くなど感情が不安定な幼児は、睡眠不足による脳疲労を疑うことができます。小児科医の田澤雄作は、睡眠不足の原因として映像メディア視聴を挙げ、小児科の現場で見られる脳の慢性疲労のサインを説明しています。

脳の慢性疲労のサイン

笑顔がない、表情が乏しい、目の輝きがない

手のひらの発汗・冷感（チアノーゼ）・温感がある

朝起きない、朝ご飯を食べない

病因不明のあらゆる身体症状
（頭痛、吐き気、嘔吐、めまい、肩こり、腹痛、下痢、便秘、発熱（微熱）・低体温、四肢の痛み、関節痛、咽頭痛、リンパ節の腫大）

落ち着きがない、空笑い、興奮している、抑制力が乏しい

田澤（2015）より、幼児期に関するサインを筆者が抽出

4 睡眠と自律神経の働き

睡眠が自律神経の発達を促す

　乳児期の睡眠は、脳の視床下部の機能の発達に影響を及ぼします。視床下部は、脳と全身の神経のコントロールセンターであり、その働きは、脳機能、自律神経の機能、免疫機能、糖や資質の代謝、睡眠・覚醒のリズム、体温リズムの調整、ホルモンの分泌、協調運動やバランスの保持等にも影響を及ぼします[8]。そのため睡眠リズムが乱れていると食欲がわかないことが起こります。

　新生児は夜中に何度も起きますが、大人が睡眠リズムをつくることによって日中に起き、夜に眠るようになります。新生児期の状態がいつまでも続くと、自律神経の働きに影響を及ぼします[9]。

体温は自律神経の状態を示す

　体温は、自律神経機能がよく働いているかどうかをみる指標の一つです[10]。

　体温は一日の中で時間による変動があります。体温が最も低いのは早朝であり、午前中に上昇し、午後に最も体温が上がります。食事の後や興奮したときにも体温は上がります。また体温は、一日のなかで最も低いときと高いときでは約1度の差があります[11]。

　体温は、体の活動水準を表すと言われています。子どもの平熱には個人差があり、乳児は体温が高い傾向があります。平熱が36度未満の低体温傾向の子どもは、一日を通して体温が低く、体温が最も上昇するのが午後6時頃です。日中は活動の意欲がわかず、夕方になってやっと元気が回復し、夜は眠りに入りにくい状態になります。また平熱が37度以上の高体温の子どもは、交感神経が優位であり疲労が回復しにくい体の状態をもつと推測されます[12]。

　このように子どもの体温は、睡眠リズムや自律神経の発達、子どもの活動水準を知る目安としても用いることができます。

(5) 森口佑介『自分をコントロールする力：非認知スキルの心理学』講談社、2019
(6) 神山潤『「夜ふかし」の脳科学：子どもの心と体を壊すもの』中央公論新社、2005　『子どもの睡眠：眠りは脳と心の栄養』芽ばえ社、2003
(7) 三池輝久『子どもとねむり　乳幼児編（良質の睡眠が発達障害を予防する）』メディアイランド、2011　『赤ちゃんと体内時計：胎児期から始まる生活習慣病』集英社、2021では、睡眠障害は発達障害の病態の一つというよりも原因であることが説明されている。
(8) (9) 三池輝久『赤ちゃんと体内時計：胎児期から始まる生活習慣病』集英社、2021
(10) (11) (12) 野井真吾『子どもの体温と健康の話：免疫力や体力を高めるからだづくり』芽ばえ社、2013

5 睡眠不足による受け身の生活習慣

夜9時に寝ていても睡眠が足りない子どもはいる

　睡眠不足は、夜10時、11時に眠る夜更かしの子どもだけに起きるものではありません。たとえば1歳で本来14時間の睡眠を必要としている子どもの場合、夜9時から朝7時までプラス午睡2時間寝たとしても毎日睡眠が足りません。また、必要な睡眠時間は、日中の活動内容によっても差があります。朝起こされないと起きられないときや起きても機嫌が悪いときには、睡眠不足を疑うことができます。

「早く早く！」と言われる生活

　睡眠が十分に足りている子どもは、朝気持ちよく自分で目覚め、午前中を機嫌良くすごすことができます。

　右ページのように、眠りが足りていないのに朝保護者に起こされて一日を始める子どもは、「早く起きなさい」「早く食べなさい」「早く着替えなさい」と保護者に指示をされながら家を出ます。園でも午前中はボーッとしている状態が続くため、保育者からも指示をされることが増えてしまいます。睡眠が足りないことの問題は、本来は意欲がある子どもが、単なる睡眠不足のために意欲を発揮できず、誰かに言われるから生活するという受け身の姿勢を身につけてしまうことです。

朝8時起床は「不登校リズム」

　子どもの睡眠障害を治療する医師の三池輝久は、朝7時半に起床する生活を（小学校の）「遅刻リズム」、朝8時に起床する生活を（小学校の）「不登校リズム」と呼んでいます[13]。　乳幼児期に夜ふかしをして朝遅く起きる生活習慣が身についていると、学童期以降もずっと子どもは保護者に起こされることになります。幼児期は保護者が園へ連れていくため、子どもは睡眠不足でつらい思いをしていても保護者は問題だと感じにくいものです。しかし自分で学校へ行く学童期以降には、子どもが朝起きられないことは保護者にとっても大きな問題となる可能性があります。

(13) 三池輝久『赤ちゃんと体内時計：胎児期から始まる生活習慣病』集英社、2021

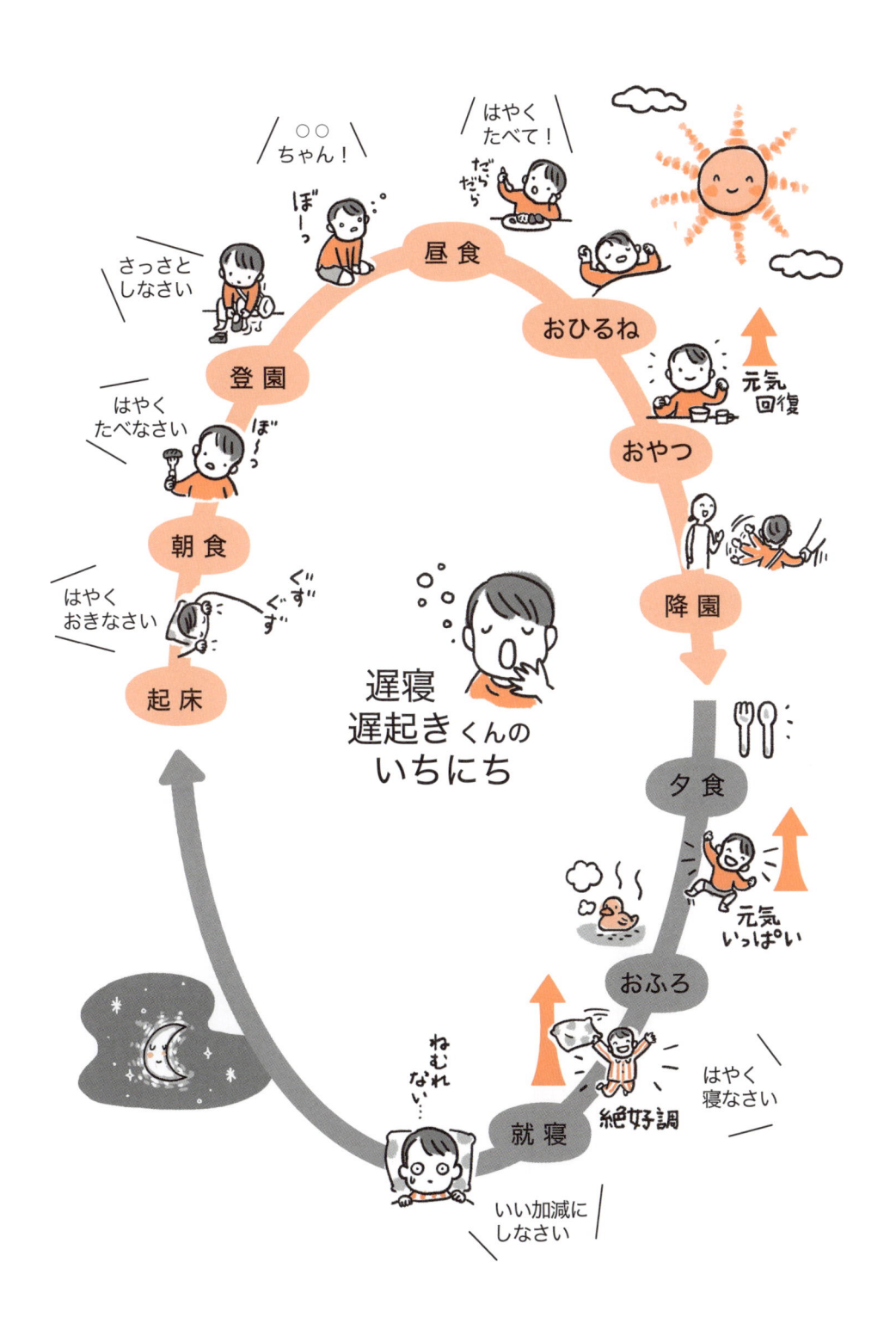

はやく
たべて！

○○
ちゃん！

だら
だら

ぼーっ

昼食

おひるね

さっさと
しなさい

元気
回復

登園

おやつ

はやく
たべなさい

ぼ〜っ

降園

朝食

遅寝
遅起きくんの
いちにち

はやく
おきなさい

ぐず
ぐず

夕食

起床

元気
いっぱい

おふろ

はやく
寝なさい

ねむれ
ない…

就寝

絶好調

いい加減に
しなさい

第5章

食べ物

1　食欲や好き嫌いの個別性

食欲の個人差

　研究によって、食欲は乳児期から個人差があり、子どもには食欲が乏しい子どもと、食欲旺盛な子どもがいることがわかっています。子どもの好き嫌いは遺伝に左右されますが、一般的に子どもは甘いものを好み、苦いものを嫌うことなどがわかっています [1]。有害な毒物を含む食べ物は苦いため、子どもは自然に苦いものを嫌います。また食欲が乏しい子どもは、一度に量が食べられずゆっくり食べることを好みます。不機嫌なときには食欲を失います。食欲の旺盛な子どもは食べたいだけ食べさせるよりも、大人が量を調整することが必要です。食べ物の好き嫌いは離乳期の経験が大きいため、離乳期に野菜を食べる経験が効果的であると示されています。

　偏食の指導は、食育の研究で様々な実践が行われています。保育者は本を読み情報を集めれば、"言葉かけ"以外の有効な方法を学ぶことができます。

適切な食事指導

　以前は、給食は子どもが完食するまで食べさせる指導が行われていました。しかし、子どもの口に無理やり食べ物を入れることや、一人だけ席に残して食べさせるような強制的な指導は、今では体罰に含まれ望ましくない指導となりました。食べることを強要する指導は、体重増加は減り、好き嫌いが増加することが明らかになっています。

　子どもが小食であったり偏食が強かったりすると、保育者は（自分が何とかしなくては）と、責任を強く感じがちです。しかし、園の給食は一日三食の内の一食にすぎません。保育者はおおらかに構えて、子どもの偏食や小食に心を痛めすぎないようにしましょう。

2 栄養状態が子どもの感情や行動等に与える影響

乳幼児期の栄養は特に重要

乳幼児期は、心身の発育と発達が著しい時期のため、その時期の栄養不良は大人よりも強い影響を与えます。3歳のときに栄養不良だった子どもは、11歳の時点でIQが低いという研究結果がありますが、栄養補給を行った子どもは認知機能が向上するといいます。このような食べ物が心身に影響を与えるという知見は、発達障害の子どもの行動の改善や、成人の精神疾患等の治療にも用いられています[2]。

栄養の不足が心身に与える影響

ある栄養素が不足したときに、子どもの感情や行動等に影響を与えることが報告されています。たとえば鉄、亜鉛、タンパク質が欠乏している子どもは、不足していない子どもよりも攻撃性、非行、多動性が高いことが示されています[3]。ビタミンやミネラルの不足は精神状態に影響を及ぼします。ビタミンA、B1の不足は注意力や集中力低下に、B3や葉酸の不足は記憶力の低下に、B12の不足は思考力の低下につながると言われています。カルシウムやマグネシウムが不足するとイライラや不安が募ります[4]。牛乳を飲み過ぎている子どもは「牛乳貧血」になり、鉄分が不足している場合もあります[5]。子どもの感情や行動等は、栄養状態にも影響を受けているのです。

(1) クレア・ルウェリン、ヘイリー・サイラッド 他『人生で一番大事な最初の1000日の食事：「妊娠」から「2歳」まで、「赤ちゃんの食事」完全BOOK』ダイアモンド社、2019
(2) A.ホッファー、大沢博『統合失調症を治す：栄養療法による驚異的回復！』第三文明社、2005　大沢博『食事で治す心の病：統合失調症にB3の効果！Part.2』第三文明社、2004　藤川徳美『うつ・パニックは「鉄」不足が原因だった』光文社、2017　カール・ファイファー、パトリック・ホルフォード他『精神疾患と栄養：うつ、不安、分裂病にうちかつ』ブレーン出版、1999　春木敏憲『「うつ病」は99%誤診だった！：血液検査と栄養療法で「ウツ」は治る時代へ』Kindle、2019　ともだかずこ、藤川徳美『食事でよくなる！子供の発達障害：たんぱく質と鉄分不足が子供を蝕む』マキノ出版、2019
(3) エイドリアン・レイン、高橋洋『暴力の解剖学：神経犯罪学への招待』紀伊國屋書店、2015　社会的要因を統計的にコントロールした結果である。
(4)（5）アレキサンダー・G.シャウス、大沢博『栄養と犯罪行動』ブレーン出版、1990

3　低血糖状態が子どもの感情や行動等に与える影響

甘いものの摂りすぎは危険

　分子生物学者や生理学者は糖質の摂りすぎについて警鐘を鳴らしています。お菓子やジュース等の糖質を摂りすぎると、血糖値が急激に上がり、その後脳や全身に低血糖状態が起きやすくなります。低血糖の状態になると成人でも疲れ、抑うつ、活動過剰、集中力低下、感情をコントロールできない、恐怖、忘れっぽさなど感情や学習に影響を及ぼすことが指摘されています [6]。

　乳幼児は体重が少ないため、食べ物や飲み物の影響を、大人よりも強く受けます。子どもがお酒を飲んだときにも急激な低血糖状態になります。子どもにお酒を面白がって飲ませる大人がいますが、お酒を飲んだ子どもは意識障害や脳障害を起こし、死亡の危険性もあります [7]。

糖質はビタミンやミネラルを消費する

　過剰に糖質を摂ると、体内ではビタミンやミネラルの欠乏も起こります。最近、糖質に偏った食生活は、成人の健康に影響があることが知られるようになってきました。しかし子どもの感情や行動と、糖質に偏った食生活や栄養の状態を結びつけることはまだ一般的ではありません。今、朝から菓子パンとジュースなど糖質に偏った朝食を食べてくる子どもが多くいます。

　保育者は、子どもが午前の活動に集中できない、落ち着きがない、怒りっぽいなどの行動が見られるときには、食生活による栄養の偏りをそれらの状態の一つの要因として考えることもできるでしょう。

血糖値の急降下による行動の変化（個人差有）

- ・眠くなる
- ・疲れ
- ・気力の低下
- ・集中力の低下
- ・忘れっぽい
- ・イライラする
- ・活動過剰
- ・感情をコントロールできない
- ・恐怖

集中力の低下

眠くなる

イライラする

活動過剰

※大沢博　心理栄養学　食べなければ気力はでない　ブレーン出版　1994 より

4 食品アレルギーが感情や行動等に与える影響

アレルギーは脳への影響も

　一般的に食品アレルギーで皮膚に湿疹が出ることや、気管が腫れて窒息を起こすことは知られています。しかし食品のアレルギーは皮膚や内臓だけではなく、脳の機能にも影響を与えています。

　食品アレルギーが、人の感情や行動等に影響を与えるという知見はまだ一般的ではありません。しかし、日本でも食品や栄養に注目して行動改善の成果を挙げている一部の臨床家がいます。一日のなかで感情や行動が激しく変わる場合には、食品アレルギーも要因の一つの可能性として考えることができるでしょう [8]。

アレルギーが感情や行動に影響した例

　食品アレルギーが、子どもの感情や行動等に影響を与えた症例としては、攻撃性、不機嫌、多動、頭痛、うつ、てんかん、ひどい疲労等が挙げられています [9]。これらは食品を食べてすぐから数時間後に出ることもあり、毎日食べている食品の場合には、その子どもの性格として捉えられている場合もあります。

　このようなアレルギーを引き起こす食品は子どもによって違い、牛乳、チョコレート、小麦、オレンジ、ピーナッツ、砂糖、はちみつ、肉、チーズ他が挙げられています [10]。問題を起こしていた子どもの中には、除去食にすることで行動が著しく改善された例が報告されています。たとえば、多動と著しい攻撃性、学習障害をもつ男児（15歳）は様々なプログラムを受けても行動改善がありませんでした。しかし、はちみつやオレンジ等の食品にアレルギーがあることがわかり除去食を始めて一か月後、教師から「協力的で注意集中ができ勉強するようになった」と報告されたような事例です [11]。

(6) アレキサンダー・G. シャウス、大沢博『栄養と犯罪行動』ブレーン出版、1990
(7) 大沢博『心理栄養学：食べなければ気力はでない』ブレーン出版、1994
(8) 一日のなかで多動や攻撃性などが著しく変化する場合は、他に「愛着障害」なども考えられる。
(9) (10) カール・ファイファー、パトリック・ホルフォード 他『精神疾患と栄養：うつ、不安、分裂病にうちかつ』ブレーン出版、1999　アレキサンダー・G. シャウス、大沢博『栄養と犯罪行動』ブレーン出版、1990
(11) アレキサンダー・G. シャウス、大沢博『栄養と犯罪行動』ブレーン出版、1990

第 6 章

化学物質

1　化学物質（自然・人工）の益と害

薬と毒は紙一重

　同じ化学物質でも、人に望ましい作用をした場合には「薬」と呼ばれ、望ましくない作用をした場合には「毒」と呼ばれます [1]。ここでは多くの人に害となる化学物質について説明します。毒には、微生物、植物、動物のように自然由来のものと、合成された化合物、その中間のものがあります [2]。

　薬と毒は紙一重であり、同じ物質がどのように人間に作用するかは、年齢、個人の感受性、毒の量、その他の条件によって異なります。毒性は、すぐに症状として現れるものと、「環境ホルモン」のように長い期間を経過して判明すると考えられているものがあります。

自然・人工の主な毒

　食べ物に毒を含むものとしては、毒キノコ、山菜、ギンナン等が知られていますが、乳幼児は食塩でも、量が多ければ死亡する場合もあります [3]。カフェインも大量に摂取すると心臓や肺に障害を起こして死亡することがあります [4]。

　毒物を研究する船山は「甘味、塩味、旨味」が人間にとって不可欠な栄養のシグナルであることに対して、多くの毒は苦いことから、「苦味」は吐き出すべきもののシグナルであり、子どもが苦い食べ物を嫌うことは理に適っていると言います [5]。

　植物に含まれる毒としては、スイセン、アジサイ、スズラン等で中毒事故が起きています [6]。生き物による毒には、ハチやヘビ等が身近です。ハチは刺された後に人により抗体ができ二度目に刺されるとショック症状を起こすことがあります。人工的な化合物の毒は、医薬品、洗剤、殺虫剤、殺鼠剤、殺菌剤、除草剤等があります [7]。

2 化学物質との接触の影響

化学物質の子どもへの影響

　家庭での化学物質の事故には、タバコ、アルコール、洗剤や薬の誤飲等があります。誤飲をしなくても芳香剤、殺菌剤、防虫剤、難燃剤、柔軟剤等、噴霧や揮発によって量や人により健康に害を及ぼす化学物質があります。子どもは体重が小さいため、同じ量の化学物質でも大人より敏感に反応が出やすくなります [8]。

　環境省では、化学物質など環境中の有害物が子どもの成長・発達にもたらす影響について「子どもの健康と環境に関する全国調査（エコチル調査）」を 2011 年より実施しています。たとえば幼児におけるネオニコチノイド系殺虫剤（NEO）への曝露量を尿で測定した研究では、蚊取線香や虫よけ剤の使用、芝生で遊ぶことが多いほど曝露量が高いという関連が見られました [9]。また有機リン系殺虫剤（OP）の曝露量は、室内殺虫剤、除草剤、虫よけスプレー、芳香剤または消臭剤の使用が関連していました [10]。殺虫剤は吹きかけた後に床近くへ成分がたまります。

化学物質過敏症

　「化学物質過敏症」は花粉症と同様に、ある日突然発症します。そのうちシックハウス症候群は、ホルムアルデヒドが含まれる建材等が原因で、涙目、吐き気やしびれ、動悸等の症状が出るものです [11]。近年では柔軟剤、香りつき合成洗剤等の香料によって頭痛や吐き気等の症状が出る「香害」が問題になっています。タバコの副流煙による害は知られていますが、最近では衣服に残ったニコチンや化学物質による残留受動喫煙の危険性から、喫煙者の入職や喫煙者の子どもの入園を断る園も出てきています。

　保育者の配慮としては、子どものいる場所では殺虫剤をまかないことや、地域の農薬の配布時期、公園への除草剤や殺虫剤の配布時期を把握し、その時期は子どもを連れて行かないことなどが考えられます。園の工事中や工事後には、子どもが有害化学物質を吸引しないように配慮を行うことが必要です。

(1)　(2)　(6)　船山信次『毒：青酸カリからギンナンまで』PHP 研究所、2012
(3)　盛岡市で預かり保育中の乳児に食塩水を飲ませて死亡させた事件があった。1 歳児は 5 g の食塩の摂取で死亡の可能性があると言われる。朝日新聞、2017 年 7 月 11 日
(4)　小城勝相『体の中の異物「毒」の科学：ふつうの食べものに含まれる危ない物質』講談社、2016　体重 60kg の人ではカフェイン約 6 g で半数が死亡することが示されている。
(5)　(7)　船山信次『毒があるのになぜ食べられるのか』PHP 新書、2015
(8)　日本環境化学会『地球をめぐる不都合な物質：拡散する化学物質がもたらすもの』講談社、2019
(9)　大矢奈穂子「日本の幼児におけるネオニコチノイド系殺虫剤の総量曝露評価と薬剤体内摂取に関連する要因の探求」Science of the Total Environment、2021
(10)　大矢奈穂子「使用済みオムツを用いた日本の幼児における有機リン系殺虫剤曝露量の評価：曝露に関連する行動および母親の食意識による寄与」Science of the Total Environment、2020
(11)　岐部健生『わかりやすい身の回りの化学物質の知識　環境病・化学物質過敏症・ネオニコチノイド』SeisakuKSK ブックス、2014

3 土壌・水・大気の汚染

汚染と子どもの健康

　土壌・水・大気の汚染は、子どもの健康に影響を及ぼします。たとえばPCB（ポリ塩化ビフェニル化合物）は体内への残留性が高く、その影響にはホルモン異常、肝臓障害、各種腫瘍、めまいや吐き気等の自律神経症状、知的障害や多動性があります[12]。PCBの急性毒性は弱く、魚や動物を死なせる力がないためその体内に蓄積します。母体が蓄積したPCBを卵や胎児に排出するために、その影響は卵や胎児に現れやすくなります。厚生労働省は、妊婦が残留性の化学物質を過剰に摂らないように、注意すべき日本近海の魚介類の種類と一週間に食べる摂取量の目安を示しています。たとえばクロマグロやメカジキは、80g程度を週に一度までと示されています[13]。

　園で起きやすい空気の汚染としては、換気不足による二酸化炭素中毒や油性マジックの有機溶剤の中毒、カビによる汚染などが考えられます。

過去の公害での健康被害

　日本ではこれまでも、工場排水による汚染や工場での化学物質の混入が原因で、公害被害が起きました。有機水銀は、感覚障害、運動失調、言語障害、視野狭窄、手指の運動困難、けいれん発作等の症状がありますが、過去の公害では誤って脳性小児麻痺と診断されることもありました。その他にも、鉛、カドミウム、ヒ素、無機水銀、ダイオキシン等が、身体や精神の健康に深刻な影響を与えた公害が起きました。とくに鉛は、非行や攻撃的行動と相関し、胎児期の鉛レベルの高さは、20代後半の犯罪や暴力と関連するという研究もあります[14]。

広がる汚染

　現在、懸念されていることは、地球規模で、残留性の高い化学物質の汚染が広がっていることです[15]。電子ごみ、プラスチックごみ他の残留する廃棄物や、農薬やPCBのような残留性の高い汚染物質が、世界中の土壌汚染、大気汚染、海洋汚染の原因として問題になっています[16]。また新しい合成化学物質が次々と開発され、長期的な人間や環境に及ぼす影響は不明なまま子どもも使用している現状があります。

(12) 黒田洋一郎「子どもの脳の発達と環境化学物質〜軽度発達障害の一因の可能性」『教育』、2006
(13) 厚生労働省「妊婦への魚介類の摂食と水銀に関する注意事項」2010
(14) 原田正純『いのちの旅：「水俣学」への軌跡』岩波書店、2016
(15) エイドリアン・レイン『暴力の解剖学』紀伊国屋書店、2015
(16) 井田徹治『有害化学物質の話：農薬からプラスチックまで』PHP研究所、2013　功刀正行『海の色が語る地球環境：海洋汚染と水の未来』ＰＨＰ研究所、2009
(17) 吉森保『LIFE SCIENCE：長生きせざるをえない時代の生命科学講義』日経BP、2020
(18) 鈴木隆二『カラー図鑑　免疫学の基本がわかる事典』西東社、2015　松本健治『免疫学の基本：オールカラー（運動・からだ図解）』マイナビ出版、2018
(19) 藤田紘一郎『子どもの免疫力を高める方法』PHP研究所、2018

4 抗生物質、消毒薬等の薬

発熱、咳、鼻水等は身体の免疫反応

　保育者は、子どもが生涯ケガや病気とつきあうことを前提に保育をします。人間の体には、病気やケガと戦う抵抗力と、身体を修復する自己治癒力が備わっています。

　発熱、せき、くしゃみ、鼻水、嘔吐は、いずれも体内に異物が入った場合に、それらを体の外へ出そうとする体の免疫反応です。細菌やウイルス等の病原体は、皮膚や気道、消化管の粘膜から侵入します。鼻水や咳は体から異物を排出する仕組みです。発熱は、病原体の増殖を抑え、外敵を食べる細胞を活性化します[17]。薬で発熱や嘔吐等の「症状」を止めることは、病原体に対する体の抵抗力を弱め、病気にかかる期間を長くすることがあります[18]。とくに子どもは、座薬や解熱剤で、急速に熱を下げると、熱性けいれん等の副作用が生じることもあります。

腸は最大の免疫器官

　腸内には、様々な細菌がいて、病原体から身体を守っています。これら腸内細菌は、抗生物質や抗菌剤等の使用、食べ物の種類によって数や種類が変化します。腸内の細菌の多様性が失われ良い菌が減少すると、体外から入ってきた有害な菌が繁殖し、微弱な菌でも重症化することが起きます[19]。病気や手術で抗生物質を継続的に使っている子どもは、抗生物質への耐性を獲得し、深刻なウイルスに対して治療が効かなくなる場合があると言われています。

体は異物と戦っている

5 　細菌やウイルスと共存する身体

体内には１万種類の微生物がいる

　元々人間は、細菌やウイルスと共存しながら進化してきました。人間の体内には約一万種類、細胞数の 1.3 倍の微生物がいます。人間が元々もつ遺伝子よりも微生物の遺伝子の方がはるかに多く、それらは、食べ物や薬等によって変化し健康に影響を与えています。体内で最も多くの微生物がいるのが腸であり、腸内細菌は免疫の機能に重要な役割を果たしています。腸内免疫の研究者は、アレルギーや感染症防止のために、乳幼児の環境を消毒しすぎないことを勧めています[20]。また腸内細菌の改善は、アレルギーのような免疫疾患やうつ病等の精神疾患の治療に用いられています[21]。

皮膚の常在菌が肌を守る

　人間の皮膚にも常在菌がいて、皮膚からの病原菌の侵入を防止しています。しかし殺菌効果の高い石鹸や消毒薬を日常的に使用しすぎると、皮膚の常在菌が減少し、皮膚のバリア機能が低下します。すると汗などの弱い刺激でも湿疹や炎症を引き起こすことが起こります[22]。

　切り傷や火傷等もこのような知見により新しい治療が始まりました。外傷を負ったときに殺菌消毒をせずに、洗うだけで傷を乾燥させないように治療をするのです[23]。身体には自己修復力があり、傷がジュクジュクした状態は細胞の培養液で細胞を修復している状態です。反対に、消毒は傷や火傷を深くし傷跡を残します[24]。このような新しい傷を残さない治療ができる形成外科医を知ることは園のリスクマネジメントでもあります。

　保育者は新しい知識を得ることで、子どもの病気やケガに対する見方や対応をアップデートできます。

動く・外で遊ぶ

光を浴びる

早く寝る

人と関わる
歌う・遊ぶ

免疫力アップ

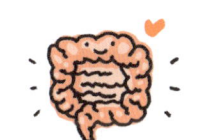

腸に良い食べ物を

疲れすぎない

ストレスを避ける

換気をする

水分をこまめに補給する

(20) アランナ・コリン、矢野真千子『あなたの体は9割が細菌：微生物の生態系が崩れはじめた』河出書房新社、2016　ジャック・ギルバート、ロブ・ナイト、サンドラ・ブレイクスリー 他『子どもの人生は「腸」で決まる：3歳までにやっておきたい最強の免疫力の育て方』東洋経済新報社、2019　ジョシュ・アックス、藤田紘一郎『すべての不調をなくしたければ除菌はやめなさい』文響社、2018 他

(21) エムラン・メイヤー『腸と脳：体内の会話はいかにあなたの気分や選択や健康を左右するか』紀伊國屋書店、2018　エドワード・ブルモア『『うつ』は炎症で起きる』草思社、2019　古賀泰裕『アレルギーのない子にするために1歳までにやっておきたいこと15』毎日新聞出版、2015

(22) 夏井睦『傷はぜったい消毒するな：生態系としての皮膚の科学』光文社、2009

(23) (24) 夏井睦『傷はぜったい消毒するな：生態系としての皮膚の科学』光文社、2009　夏井はこの治療方法は痛みもなく火傷や傷がきれいに治るが、新しい治療法を知る医師は少ないことを指摘している。

第 7 章
運動と外遊び

1　運動は脳を育み、知性と自我の形成を育む

動くことで脳のシステムはつくられる

　乳幼児期の子どもは、動くことによって脳を発達させます。植物には神経は不要ですが、動物は動くために神経を必要としています[1]。脳は、その神経細胞の集まりです。そしてその脳は、身体や感覚を統合してコントロールするだけではなく、感情や知性のコントロールセンターとしても働いています。

　乳幼児期は、脳のハードウエアをつくる時期です。0歳の時期には、仰向けやうつぶせで動くことによって全身から脳へ、脳から全身へと感覚・運動刺激が送られます。また大人に抱きしめられたり、降ろされて仰向けで遊ぶことによって、圧覚の違いを感じます。体を動かすことにより、触覚や痛覚の他にも、腕や足の筋肉の感覚や、回転やバランスの前庭感覚などの感覚が育っていきます。

動くことで自我は形成される

　運動は、自我の形成も助けます。生まれたばかりの赤ちゃんは、自分の手足も環境も理解していません。2か月の赤ちゃんは自分の手を目の前にかざし「これは何だろう」という顔でながめます。自分の手をなめてはながめることを繰り返し、自分の手を認識します。またハイハイをして狭い場所に入ろうとして頭をぶつけるなかで、赤ちゃんは自分の体の大きさを理解します。子どもは動いて環境と関わることよって、環境と切り離された自分の身体を認識します。その経験が自我の土台となっていくのです。

2　乳幼児期の運動が奪われる要因

運動は脳へ酸素と刺激を送る

　乳幼児期は脳を含む身体機能、感情や知性の発達が著しく、その土台となる感覚体験、運動経験は毎日欠かすことができません。とくに脳は、最も酸素を必要とする臓器であり、子どもは一日中体を動かすことで脳へ酸素を送っています。しかし、乳幼児が動き回ることを嫌い、赤ちゃんを動けないようにしてしまうと、脳の発達に不可欠な酸素や刺激を送る機会を奪うことになります。

子どもは発達に必要な動きをする

　子どもは、それぞれの発達段階に必要な動きを遊びのなかで繰り返します。0歳の時期は体をねじり、寝返りを繰り返し、腰を中心とした動きを繰り返し行います。腰が安定してくるとずり這い、四つ這い、高這いによって安定した体幹を獲得します。ハイハイでは様々な角度に体を動かし、転んだときに手をつく練習をします。立ち上がる前には、床から何度もしゃがんだり立ったりを繰り返すことによって、体のバランスを保って安定した歩行ができるようになります。

乳幼児期の運動不足の原因

　しかし今は、長時間の抱っこ紐や乳児用の椅子の使用によって、乳児期に自由で多様な動きを経験できない子どもが多くいます。また足を大きく開脚させる抱っこ紐[2]や、首が安定しない時期から縦抱きで長時間抱いて外出が可能になる育児用品が販売されています。乳児を連れての長時間の旅行も増えました。

　乳児期に、腰を中心とした動きを十分に経験していない子どもは、歩行が安定しないためにわずかな段差でも転びがちです。ハイハイをせずに姿勢反射であるパラシュート反射を獲得していない子どもは、顔から転び、歯や顔にケガをする可能性が高まります。

　幼児期にスマホやゲームをする時間が長く、全身を使って外で遊ぶ経験が少ないと、姿勢、筋力、心肺機能、バランス機能などを十分に発達させる機会を失うことになります。また、幼児期の子どもに大人と同じような動きやトレーニングをさせると、身体に障害を残すことがあるので注意が必要です。待つ時間の長い体操教室や、一部の筋肉だけを過度に使うスポーツなども、運動機能の発達には逆効果であると示されています。

---

(1) ダライ・ラマ 述、フランシスコ・J.ヴァレーラ、ジェレミー・W.ヘイワード 編著『心と生命：〈心の諸科学〉をめぐるダライ・ラマとの対話 徹底討議』青土社、1995
(2) 整体師である玉木は 180 度開脚させる抱っこ紐は外反足と将来の疾病を招くと指摘している。

3 運動不足が脳の発達へ与える影響

運動能力と脳の機能の変化

　粗大な運動、手を使う微細な運動の発達には、脳の発達が現れます。そのため4か月検診では首の座りを確認し、1歳半検診では歩行ができるかを確認します。前橋は、神経機能の発育は生後6年間で成人の約90%近くにも達するため、乳幼児期に多様な運動を経験することが生涯の運動機能の良し悪しにつながると指摘します[3]。

　しかし、文部科学省の「体力・運動能力調査」によると、子どもの体力・運動能力は1985年前後をピークに低下傾向にあり、その低下は幼児期から著しい低下を見せています[4]。野井は、幼児期の前頭葉機能の調査によって、1960年代の6、7歳児と比較して、2010年代には脳の不活発型の割合が急激に増加しており、とくに男児にその傾向が著しいことを指摘しています。不活発型とは、集中に必要な脳の興奮機能も抑制機能もともに十分育っていないタイプです[5]。

脳の活性を促す運動プログラム

　このような現状に対して、様々な研究者が運動の実践を行っています。たとえば野井は前頭葉機能の向上のために、じゃれつき遊びを行い、効果を挙げています。効果を挙げるためにはスポーツよりも遊びがよく、「ドキドキワクワク」することがポイントだと述べています[6]。保育園での毎日2時間半の運動と栄養強化で、脳の成熟度が高く覚醒度が高くなること（8年後）や、その効果は20年後にも認められることが明らかになっています[7]。学童期以降でも運動プログラムは、学業成績の向上や暴力行為の減少、集中力の向上につながることが報告されています[8]。

感覚は脳の栄養

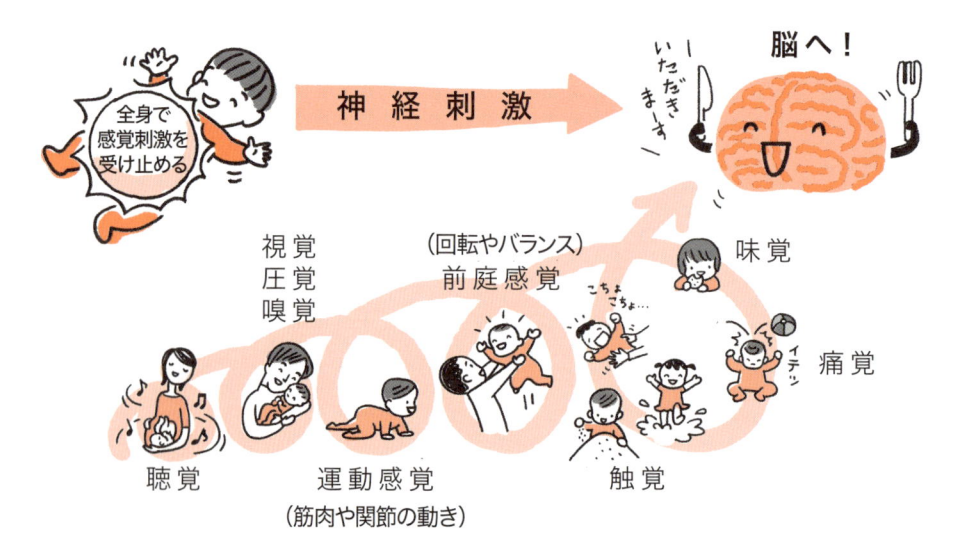

全身で感覚刺激を受け止める　神経刺激　脳へ！　いただきます

視覚　圧覚　嗅覚　（回転やバランス）前庭感覚　味覚

聴覚　運動感覚（筋肉や関節の動き）　触覚　痛覚

4 乳幼児期の発達に合った運動

ゆっくり発達するから複雑な運動ができる

　人間は他の動物と比較してゆっくりと発達します。たとえば馬は生まれて１、２時間で歩き始めますが、人間の赤ちゃんは歩くまでに１年以上かかります。人間は動物よりもゆっくりと発達することによって、道具を使う、人と手をつないで歩く、スキップをするなど、複雑で多様な動きができるようになります。

　運動の発達の道筋には意味があります。赤ちゃんは仰向けで体を左右にねじり手足をバタバタと動かします。腰を中心とした動きを繰り返すことによって運動の中心である腰が安定します。次にハイハイをはじめ、お座りをし、床からの立ち上がりを繰り返します。立ち上がるまでに数か月間をかけて安定した体幹を動きのなかで育んでいるのです。一年をかけてじっくりと腰、体幹という体の中心を安定させ、立ち上がると幼児期の数年間をかけて指先や足の先まで、自在に動かすことができる運動能力を獲得していきます。

乳幼児期に欠かせない動き

　子どもは環境に合わせて自分の身体の動かし方を習得します。たとえば段差があると、段差に合わせて上り下りする運動を習得します。保育室に斜面があれば、乳児は斜面を上り下りする運動を習得します。そのため大人は幼児期に必要な多様な動きを繰り返しできる環境を準備することが大切です。

　文部科学省策定の「幼児期運動指針」には、幼児期（３〜６歳）には、「様々な遊びを中心に、毎日合計60分以上楽しく体を動かすことが望ましい」とあります[9]。運動プログラムは、運動能力によって劣等感をもつ子どもが出るプログラムではなく、誰も置き去りにしない楽しいプログラムであることが大切です。強制的に運動させることは幼児のストレスになる可能性があり、楽しい遊びを中心に体を動かすことが望まれます。

(3) 前橋明『3歳からの今どき「外あそび」育児』主婦の友社、2015
(4) 提言 日本学術会議健康・生活科学委員会 健康・スポーツ科学分科会「子どもの動きの健全な育成をめざして —基本的動作が危ない—」2017
(5) (6) 野井真吾『子どもの"からだと心"クライシス：「子ども時代」の保障に向けての提言』かもがわ出版、2021
(7) エイドリアン・レイン『暴力の解剖学』紀伊国屋書店、2015
(8) ジョン J.レイティ、エリック・ヘイガーマン 他『脳を鍛えるには運動しかない！：最新科学でわかった脳細胞の増やし方』日本放送出版協会、2009 は複数の事例を紹介する。また柳澤運動プログラムは、楽しく運動することで集中力が高まることを示している。柳澤弘樹『「生きる力」を育む幼児のための柳沢運動プログラム 基本編』オフィスエム、2002
(9) 幼児期運動指針策定委員会「幼児期運動指針」2012

5　外遊びで自律神経を育む

外遊びの利点

　脳の発達は心と体をいきいきと動かすことで促されます。加えて、脳の健やかな発達には、運動とともに日中に光を浴び、夜は暗いところで眠ることが欠かせません。乳幼児期に外遊びをすることには、日光を浴びること、運動量が増えることの他に、暑さ・寒さ等を体験できることの三つの利点があります。

日光浴の効果

　日光を浴びることは、睡眠のリズム形成や骨の発達を助けます。今、紫外線の害を気にして、日中も紫外線防止のカーテンを閉め、赤ちゃんにも日焼け止めを塗る子育てが広がっています。地域や季節により日光に過度に当たることは避ける必要がありますが、日光不足も子どもの健康に悪影響があります。紫外線には殺菌効果があり、体内でつくられるビタミンＤは骨をつくり神経伝達を助けます[10]。午前中に日光を浴びて外遊びをすることに加え、15時から17時の最も体温が高くなる時間に外遊びで体をしっかり動かすと夜に深い睡眠が得られます[11]。

体温調節機能の発達

　外遊びでは、暑さ、寒さを体感することができます。それらは体温の調整機能等の自律神経を鍛え、免疫力や適応力等、身体の機能を高めます[12]。子どもの体温調節機能には「熱を体の中でつくる働き」と「熱を体の外へ出す働き」があります[13]。体の中で熱をつくる働きは主に生後2、3週間に体験した寒さによります。体の熱を出す働きは3歳頃までにどれだけ汗をかいたかによって汗腺の数が決まります[14]。子どもの衣服は大人よりも一枚少なめにして、体温の調節力を育てるようにします[15]。

　体温調整を行う自律神経系は、交感神経系と副交感神経系の調整を行う場所ですが、これが上手く働かないと血圧調整や内臓機能にも影響を及ぼします[16]。自律神経失調症には運動が治療に用いられています。昼間に運動による十分な交感神経系への刺激があると、夜の副交感神経系が働き深い睡眠を得やすくなります[17]。

　前橋は、5歳児では、登園時の体温が36度未満である低体温の子どもと、37.5度以上である高体温の子どもが約3割いることを報告しています[18]。体温は本来午前3時頃に最も低くなり、日中の午後4時頃に最も高くなるというサイクルがありますが、生活リズムが夜型へとずれた子どもはそのサイクルがずれていると言います。さらにこの子どもたちに毎日2時間の運動を18日間行ったところ体温異常の子どもは半減しました[19]。これは体を動かし遊ぶことで、熱をつくる働きと放熱の機能が活性化されたためと説明されています。

保育者が考える乳幼児期に経験してほしい基本的な動き

『幼児期運動指針』（文部科学省）で示される子どもの多様な動きに、保育者へのインタビューから乳幼児期に経験してほしい動きを加え、「身を守る動き」を項目として別途立て、四つの動きに整理しました。

1. 身を守る動き

転んだ時に咄嗟に手をつく 逃げる 身をかわす
滑りやすい場所や凸凹斜面を歩く 等

2. 体のバランスをとる動き

しゃがむ 立つ 床に座る 椅子に座る うつぶせや仰向けから立ち上がる
立って回る 方足立ちをする 組む ぶら下がる 等

3. 体を移動する動き

四つ這いをする 高這いをする 転がる 歩く 走る止まる スキップする
ギャロップする 飛び上がる 登る降りる 飛び越す 泳ぐ 等

4. 用具などを操作する動き

持つ 運ぶ 動かす 投げる 受ける 掘る 等

(10) リチャード・ホブデイ、藤井留美『1 日 15 分、「日なたぼっこ」するだけで健康になれる：太陽の恵みビタミン D が、太らない！がんに負けない！病気にならない！身体をつくる』シャスタインターナショナル、2015
(11)（12）前橋明『3 歳からの今どき「外あそび」育児』主婦の友社、2015
(13)（14）（16）正木健雄『ヒトになる、人間になる。：子育ての教育生理学入門』創教出版、2001
(15) 河添邦俊、河添幸江『イラストでみる乳幼児の一日の生活のしかた：生活リズムの確立』子ども総合研究所・出版部、1991
(17) 食べ物文化編集部『子どもの生体リズム・体内リズム』芽ばえ社、1995
(18)（19）前橋明『3 歳からの今どき「外あそび」育児』主婦の友社、2015

第 8 章
映像メディア

1　乳幼児期の映像メディア視聴の現状

視聴の実態

　乳幼児の育ちには、人との関わりと運動が欠かせません。しかし日本の子育てでは、発達のごく早期から人と関わるよりも長い時間、テレビ、スマホ等の映像メディアと接している子どもが多くいます。2014 年の大規模調査では 2 歳の 5%、20 人に一人の子どもが一日 4 時間以上テレビや DVD を視聴しています[1]。

　乳幼児期は、直接、人や事物と関わることにより様々な能力を獲得します。子どもは体験のなかで、自分を取り巻く環境の性質を学び、環境に合わせて自分を調整する運動能力や手の操作能力、人と関わるコミュニケーション能力等を身につけていきます。乳幼児期は、動いて触って人と関わることによって様々な情報を脳へと送り、脳のシステムをつくる時期です。

視聴の時間分、体験が奪われる

　著しく発達する乳幼児期に、一日 4 時間映像メディアにふれている子どもは、発達に不可欠な人と関わる時間と自然や事物と関わって学習する時間を、毎日 4 時間分奪われてしまいます。

　同じ 3 歳の子どもでも毎日人や物と関わる子どもと、映像メディアに長時間触れる子どもでは生活体験は異なります。乳児期から長時間映像メディアを視聴している 3 歳の子どもは、年齢は 3 歳でも、生活体験の年齢は 2 歳あるいは 1 歳かもしれません。

(1) 環境省「子どもの健康と環境に関する全国調査（エコチル調査）」https://www.env.go.jp/chemi/ceh/ の調査であり回答数は 26521 件である。
(2) 日本小児科医会「子どもとメディア」対策委員会「「子どもとメディア」の問題に対する提言」2004
(3) アンドレアス・シュライヒャー 他『デジタル時代に向けた幼児教育・保育：人生初期の学びと育ちを支援する』明石書店、2020
(4) マンフレンド・シュピッツァー 他『デジタル・デメンチア：子どもの思考力を奪うデジタル認知障害』講談社、2014
(5) 山口真美、金沢創『赤ちゃんの視覚と心の発達 補訂版』東京大学出版会、2019　J.アトキンソン 他『視覚脳が生まれる：乳児の視覚と脳科学』北大路書房、2005

2 乳児期の映像メディア視聴の危険性

2歳以下はゼロ時間が望ましい

日本小児科医会は、2004年に「2歳までのテレビ・ビデオ視聴は控えましょう」と提言を発表しました [2]。アメリカ、カナダ、ニュージーランド等でも、学会や保健省等が0歳には画面の視聴時間は「ゼロ」を勧告しています [3]。これは番組の内容に関わらず、映像視聴は乳児には控えましょうということです。研究では、3歳未満のメディア接触が、知的発達に悪影響を及ぼすという様々な報告があります [4]。

脳は環境に適応するように発達する

乳児の脳や視覚は、その子どもを取り巻く環境に適応するように形成されます [5]。人の姿や奥行きのある自然や生活の場にあるアナログ情報と、高速で変化する平面のデジタル映像情報は、似ているようでいて全く異なります。

たとえば下の図のように、日中同じ12時間でも、様々な大人と関わり、散歩や公園で様々なものを見聞きしているAちゃんと、じっと座って平面の大きなテレビやタブレットの画面を見ることに大半の時間を費やしているBちゃんでは、異なる脳と視覚を形成する可能性が考えられます。

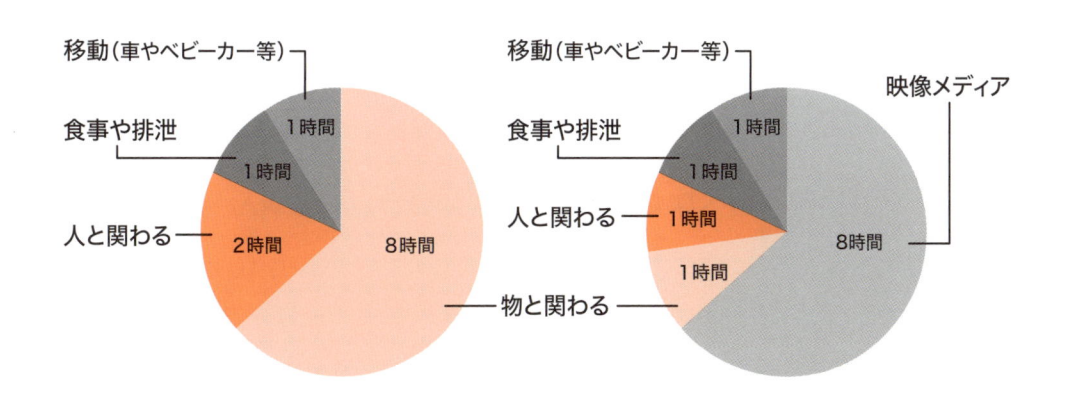

| 人や物と関わることが多い Aちゃんの日中 | 映像メディアの視聴が多い Bちゃんの日中 |

関わることを面倒がる心の習慣

人との信頼関係をつくる乳児期に、人間よりも"電子ベビーシッター"に子守りをされる時間が長い赤ちゃんは、人よりも映像刺激に親和性が高くなる可能性があります。動くことや人と関わることを面倒がる心の習慣を身につけてしまうことは、その後の人生にとって大きな損失だと考えられます。

3 ０.１.２歳の長時間視聴の問題

長時間視聴している子どもの行動特徴

　０.１.２歳で映像メディアを長時間視聴している子どもの中には、視線が合わない、表情が乏しい、言葉が遅れる、人を怖がる等の深刻な影響が見られることがあります[6]（右ページの表）。これらの特徴は発達障害と似ていますが、生得的な発達障害との違いは、３歳までであれば視聴を止めることで発達が著しく回復することです[7]。

自分で赤ちゃんを泣き止ませられない親

　乳児期からの長時間視聴の問題として、保護者への影響を指摘する研究者もいます。親が電子ベビーシッターを使いすぎると、親子の共感体験を減らし、親が親として成長することを妨げるという点です[8]。親は、わが子と関わる中で少しずつ親として成長していきます。赤ちゃんが泣いたりぐずったりしたときにスマホ等で気をまぎらわせることを続けていると、親自身がわが子をなだめたり、泣き止ませたりする貴重な機会を失います。自分で赤ちゃんを泣き止ませられない親は、２歳の子どもに言い聞かせることができるでしょうか。親子関係の原点である乳幼児期に、電子ベビーシッターに頼りすぎることは、親子の関係づくりにも悪影響があると考えられます。

情報は乳児の保護者に伝える

　ここで紹介した情報を、すでに長時間視聴させた幼児期以降の保護者へ伝えると、保護者に強い自責の念を抱かせてしまいます。妊娠中や乳児の保護者へ、子どもには人との関わりと体や手を使った遊びが不可欠であることを伝えるようにします。

事例　食べなくなり遊び方が変わったVちゃん

　０歳児のVちゃんは、よく笑い、喃語も盛んでした。しかし10か月頃から離乳食を嫌がり、視線も合いにくくなり、喃語も消えました。遊び方が変わり、玩具をながめていることが増えました。ハイハイでその場でグルグルと回ることを始めたため、保護者に「２週間前頃からVちゃんの様子が変わったように思うのですが、お家ではどうですか」と尋ねました。家でも食べずしゃべらなくて心配していたとのことです。何か思い当たることがないか尋ねると、ちょうど２週間前に早期教育教材を購入し、園から帰って寝るまでその映像を流していることがわかりました。映像刺激の影響に関する本を保護者に見せると「すぐに止めます」とのこと。１週間で視線が合い、喃語も食欲も戻り、元のVちゃんに戻りました。

映像メディアを長時間視聴している子どもの特徴

□ 抱いて話しかけたとき（30センチ程度の距離）に視線が合いにくい

□ あやしたり、話しかけたりしても気持ちが通じにくい感じがする

□ 映像で見聞きした音声を一方的に話す

□ テレビの人間は喜ぶが、同年齢の生の子どもを怖がる

□ 言葉が遅い、やりとりができない

□ 玩具をひたすら並べる、横からながめるなど視覚での遊びが多い

□ 小さな段差で転ぶ、キャッチボールなど、立体視が必要なことが苦手

□ テレビを消すと泣く、泣きわめいて消させない

※脳に障害がある場合にも同じ行動が見られることがある
※具体的な症例は「映像メディアの影響と防止に関する資料」（p.146）を参照ください

(6) 片岡直樹『テレビを消したら赤ちゃんがしゃべった！笑った！：音と光が言葉遅れの子をつくる』メタモル出版、2009　片岡直樹『小児科医が伝えたい言葉の遅れが改善する方法』現代書林、2020
(7) 片岡直樹『テレビ・ビデオが子どもの心を破壊している！（危険警告 books)』メタモル出版、2001 他
(8) 家島厚「テレビビデオ育児症候群」『子どもとメディアシンポジウム資料』NPO 子どもとメディア、2014

MEMO

4 映像刺激による脳疲労

子どもによっては映像で脳疲労を起こすことも

実験で動物に胃潰瘍などのストレス起因性の病気をつくるためには、過剰な運動をさせることの他に、24時間過剰な照明にさらす、コンスタントに過大な音量のノイズにさらすことが行われます[9]。子どもは、テレビやスマホを見るとき楽しそうに見えますが、子どもによっては、その光や音の刺激がストレスにもなり得ます。小児科医の瀬川は、映像刺激のストレスによって脳疲労を起こし、心身症のような症状が出る子どもがいることを紹介しています[10]。その症状は攻撃行動、パニック、チック、多動、抑うつ、腹痛など多岐にわたります。これらは睡眠障害を伴うことが多く、映像メディア視聴を止めることで症状がなくなることが報告されています。

視覚刺激の感受性には個人差がある

食品アレルギー等と同様に、視覚刺激に対する過敏さには個人差があります。1998年に「ポケモン」というアニメを見ていた700人以上の子どもが、点滅する光によっててんかん様発作や意識障害を起こし、病院を受診しました。しかし、こうした症状があった子どもは一部であり、同じ番組を見ても症状が出なかった子どももいます[11]。この違いは視覚刺激への感受性には個人差があり、視覚刺激に弱い子どもは強く影響を受ける可能性があるためと考えられます。

幼児期、学童期以降の研究

幼児期、学童期の映像メディア視聴時間と発達に関する研究では、視聴時間が長いほど、言葉は遅れ、衝動性は高くなります。また、視聴時間が長いほど、注意力、学力は低い傾向にあります[12]。注意力の問題を抱えている小学生ほど、その後ビデオゲームに費やす時間が長くなります[13]。ただし、元々課題を抱える子どもの視聴時間が長くなるのか、視聴時間が長いために発達に課題が出るのかは明らかではありません。

(9) 下條信輔『サブリミナル・インパクト：情動と潜在認知の現代』筑摩書房、2008
(10) 田澤雄作『メディアにむしばまれる子どもたち：小児科医からのメッセージ』教文館、2015
(11) 高橋幸利 他「アニメ"ポケモン"による光過敏反応多発に関する視聴環境調査」てんかん研究17巻、1999
(12) 斎藤惇夫 他『いま、子どもたちがあぶない！：子ども・メディア・絵本』古今社、2006　スーザン・グリーンフィールド、広瀬静『マインド・チェンジ：テクノロジーが脳を変質させる』KADOKAWA、2015　マンフレンド・シュピッツァー 他『デジタル・デメンチア：子どもの思考力を奪うデジタル認知障害』講談社、2014など。親の教育歴や収入が低いと長時間視聴になる傾向があるが、それらを差し引いた研究でも関連が見られた。
(13) スーザン・グリーンフィールド、広瀬静『マインド・チェンジ：テクノロジーが脳を変質させる』KADOKAWA、2015
(14) ナンシー・アイゼンバーグ、ポール・マッセン『思いやり行動の発達心理』金子書房、1991
(15) 尾木直樹『子育てとテレビ新事情』新日本出版社、2004
(16) 保育では文化を選択し攻撃性を社会的な遊びに展開する。詳しくは『保育内容 5領域の展開』郁洋舎、2021
(17) 総務庁青少年対策本部「青少年とテレビ・ゲーム等に係る暴力性に関する調査研究報告書」1999　元々暴力傾向が高い子どもほど暴力シーンを好むため因果関係はわからないと主張する研究者もいる。
(18) (20) 田澤雄作『メディアにむしばまれる子どもたち：小児科医からのメッセージ』教文館、2015
(19) いずれも子育て支援や園で体験した筆者自身の体験である。保育者は子どもがテレビの言葉や行動を模倣する事例を数えきれないほど体験している。
(21) Theodore A. Stern 他『MGH「心の問題」診療ガイド』メディカル・サイエンス・インターナショナル、2002

5　映像メディアの内容による負の行動学習

幼児期以降の内容の問題

　乳児期は内容に関わりなく視聴自体に問題がありますが、幼児期には、内容が子どもに与える影響も考える必要があります。子どもは、映像メディアの内容からも言葉や行動を日々学習しています[14]。

　尾木は、テレビ番組の内容の問題として、暴力シーン、フードバトルのようなバラエティ番組、テロや戦争等のニュース報道の三つを取り上げています。そして暴力シーンの影響を、観察学習効果、脱感作効果、カルティベーション効果の三つに整理しています[15]。

暴力行為の学習と暴力への慣れ

　一つ目の観察学習効果とは、暴力行為を真似して暴力を学習することです。たとえば「刀で首を切ること」はそのシーンを見て、何度も頭に思い浮かべて模倣して遊ぶことで学習は定着します。暴力行為は、暴力が正当化されていて暴力によって報酬を受けるときにより学習効果が高まります。保育者が子どもと一緒に楽しく戦いごっこをすることは、子どもに報酬を与え暴力の学習を促進していると考えられます[16]。総務庁（現総務省）の調査でも暴力シーンを多く見る子どもほど、万引きや暴力行動が多いことが報告されています[17]。二つ目の脱感作効果とは、暴力シーンを見ているうちに暴力に慣れることです。これは激しい暴力よりもバラエティで見られるような軽い暴力の方が、慣れが大きいことが報告されています。

過度な恐怖心

　三つ目のカルティベーション効果とは、テレビの内容から過度に恐怖心が生じることです。小児科医の田澤は、映像の内容から影響を受けたと考えられる小学生が見る怖い夢について報告しています[18]。たとえば「首を絞められる」「斧で切られる」「体を食べられる」などです。現実と仮想の世界を混在させて遊ぶ幼児期では、仮想世界で見聞きした内容の影響は小学生よりも大きいと考えられます。映画を見た翌日から夜泣きが始まる2歳児や、包丁で人を刺す真似をする2歳児もいます[19]。田澤は小さな子どもをお化け屋敷に連れていくことは虐待であるとも指摘しています[20]。5歳頃は最も恐怖に敏感な時期であり、子どもによっては深刻な影響を受ける場合があります[21]。

　大人は、自分の経験と価値観で物事を測りがちです。「自分は大丈夫だったから子どもも大丈夫」という考え方は科学的ではありません。目の前にいる子どもたちは、自分とは違う人間なのです。

6　ゲーム障害という新しい疾病

幼児期からゲーム依存、ネット依存への道が始まっている

　幼児期からスマホやタブレットでゲームをする子どもが増えています。学校に行けない中高生や、仕事に行けなくなったり子育てを放棄する状態になってもゲームを止められない大人が問題になっています。

　世界保健機構(WHO)は、2019年に新たな疾病として「ゲーム障害」を認定しました。一度ゲームに依存状態になってしまうと本人や家族では止めることが難しく、専門医による治療が必要です。

映像ゲームは脳に影響を与える

　長年、映像ゲームの悪影響に関する主張は批判されてきましたが、様々な研究で映像ゲームを長時間行うと脳に変質が起きることが明らかとなっています。

　脳は、環境と行動に合わせて変化する臓器です。テレビを長時間視聴する習慣が長く続くと大脳皮質の一部に発達の遅れが生じます。さらに双方向型のスマホ等の長時間使用では、大脳灰白質と大脳白質の両方が広範囲にわたって発達に遅れが生じます。仙台市の児童生徒への調査では、スマホを使いすぎる子どもは、大脳肺白質と白質のみならず、大脳全体の発達が止まっていたことが報告されています[22]。

依存しにくい人はどんな人

　ゲーム障害の専門医である樋口は、ゲーム依存になりにくい人の人格特徴として行動の自己コントロールができている、社会的能力が高い、自己評価が高い等をあげています[23]。幼児はこれらの能力をこれから獲得していく段階です。大人でも自分で止めることが難しい面白いゲームを子どもに与えておいて、「ゲームは30分まで」と子どもが自分でやめることを求めるのは現実的ではありません。一度幼児にゲーム機を与えると、その後は毎日"親子の戦い"が繰り広げられる可能性があります。

保護者と保育者で一緒に子どもを守る

　樋口はゲーム依存になりやすい人の特徴の一つに「ゲームを肯定する傾向が強い」ことを挙げています。つまり、ゲームは良いことだと考えていると長時間行いやすく依存しやすいのです。

　園では子どもに映像ゲームの負の側面を教えることができます。予防として、乳幼児期からのメディアリテラシー教育を研究しましょう。また、幼稚園の園庭開放の充実や公園の改善、家庭への玩具の貸出しなど、子どもが映像ゲーム・メディアにはまらない仕組みを、園と保護者で一緒に考えていくことが必要です。

ICD-11（世界保健機構WHOが作成した国際疾病分類）
「ゲーム障害」の定義

臨床的特徴
ゲームのコントロールができない。

他の生活上の関心事や日常の活動よりゲームを選ぶほど、ゲームを優先。

問題が起きているがゲームを続ける、または、より多くゲームをする。

重症度
ゲーム行動パターンは重症で、個人、家族、社会、教育、職業やほかの重要な機能分野において著しい障害を引き起こしている。

期間
上記４項目が、12ヵ月以上続く場合に診断する。しかし、4症状が存在し、しかも重症である場合には、それより短くとも診断可能。

(22) 川島隆太『オンライン脳：東北大学の緊急実験からわかった危険な大問題』アスコム、2022
(23) 樋口進『ネット依存・ゲーム依存がよくわかる本』講談社、2018

MEMO

第9章

個による違い

1　気質の違い

気質とは何か

　気質とは心理学の用語であり、生得的で生物学的な基礎に基づくもので、「生まれか育ちか」の「生まれ」に当たるもの全般を指します[1]。気質には、器質（形質）に加えて、形態として見えにくい行動の特徴や性質などを含みます。

赤ちゃんからの気質の違い

　たとえば、生まれたばかりの赤ちゃんにも気質の違いがあります。たとえばよく泣くか泣かないか、ミルクを飲むか飲まないか、身体をよく動かすかどうか、刺激に敏感かどうか、好奇心が強いかどうか、興味が散りやすいかどうかなどです。

赤ちゃんの気質は保護者に影響する

　トーマスらは、赤ちゃんの気質によって「扱いやすい子ども」「扱いにくい子ども」「時間がかかる子ども」の3タイプに分けました。よくぐずり、泣きやみにくい赤ちゃんの場合、保護者や保育者の否定的な感情や、不適切な対応を引き出しやすくなると考えられます。反対におだやかな赤ちゃんの場合、周囲はおだやかに接することが容易です。このようにその子どもが生まれもつ気質は、周囲の人の感情や関わり方に影響を与えています。

(1)　今田寛 他 編『心理学の基礎 4訂版』培風館、2016
(2)　エレイン・N・アーロン、明橋大二『ひといちばい敏感な子：子どもたちは、パレットに並んだ絵の具のように、さまざまな個性を持っている』万年堂出版、2015

2 刺激への敏感さ・変化への志向性の違い

刺激に敏感な子ども、そうでない子ども

　刺激に対する感受性は、乳児のときから違いがあります。環境の刺激に過敏な子どもは、保育者がちょっと大きな声で怒るだけで強い恐怖を感じます。敏感な子どもは他の子どもが怒られているときにも、保育者を見つめじっと体を固めています。怖い話や悲しい話に敏感で、それを夢に見ることもあります。音や刺激に人一倍敏感な子どもはHSC (Highly Sensitive Child) と言われ、5人に1人程度の割合でいると言われています [2]。反対に環境の刺激に過敏でない子どもは、どんな場でも平気で、周囲がどんなににぎやかでも平気です。叱られたり怒鳴られたりしても気にする様子がありません。このように、外部の刺激に対する敏感さには違いがあります。

変化を好む子ども、そうでない子ども

　変化に対する志向性も子どもによって異なります。

　変化を好む子どもは、新しい刺激や強い刺激を求めます。活動にはすぐに退屈してあきてしまうため、ふざけたり、もてあましたりする様子も見られます。反対に変化を好まない子どもは、同じことを繰り返すような単調な作業に強く、製作活動などにあきることなく取り組みます。まじめに見え、ゆっくりと説明することを好みます。

MEMO

3 興味・関心の違い

図鑑型の子ども、物語型の子ども

　内田伸子は、実験に基づいて、乳児のときから人間関係に敏感な「物語型」の子どもと、モノの動きに敏感な「図鑑型」の子どもという二つのタイプがいると説明します。物語型の子どもは人形やままごとなどに興味をもち、図鑑型の子どもは自動車やブロックなどに興味をもちます [3]。また性差として、女児は男児よりも大脳新皮質の成熟が早いこと、女児は「物語型」、男児は「図鑑型」が多いことを指摘しています。

　興味関心は、環境によっても変わる可能性があります。たとえば毎日同じ電車のアニメの映像を見ている子どもは、そのアニメに出てくるキャラクターに興味をもつようになります。

多重知能理論

　ガードナーは、人間には運動的知能、音楽的知能、視覚的知能等、多様な能力があるという多重知能理論を提唱しています。どの能力も伸ばすことができますが、それぞれの子どもには能力の強み・弱みがあり、子どもが環境の何に注目を向けるかには個人差があります [4]。

生まれもった志向性と関心の違い

　研究では、元々暴力的な志向性が強い子どもは、暴力シーンを好んで見て自分の行動に取り入れる傾向が見られることがわかっています。子どもは、その環境から自分の興味関心に合ったものを多く取り入れます。

　人間に興味が強くごっこ遊びが好きな子どももいれば、工作が好きな子ども、運動が好きな子ども、虫や電車が好きな子どもはクラスの中に多くいます。中には文字や数字に関心を向ける子どももいます。

元々の志向性により環境から選び取るものが違う

4 脳の機能や活性度の違い

脳機能や活性度の違い

脳は、感情や知性、運動のコントロールセンターです。

人の身体に個人差があるように、脳の器質（形質）と機能にも個人差があります。この個人差は、遺伝と環境の相互作用によって生じます。脳の神経ネットワークは3歳頃まで急激に増し、その後は不必要な回路は刈り込まれ整理されていきます[5]。

犯罪者の脳を研究するレインは、犯罪や暴力は、幼少期の脳の発達に何らかの問題があることを指摘しています。犯罪者の脳には覚醒度の低さがあり、ストレスに対して自律神経の反応が弱く、心拍数が低い傾向があります。このような生理的な覚醒度の低さにより、共感力が低く、叱責等の効果がなく、刺激追求度が高まり、不適切な意思決定を行いやすいのではないかと考察しています[6]。心拍数は自律神経によって調整されるものです。

激しいパニックを起こす子どもは伸びる？

長年、障害児の療育に取り組む今井寿美枝は、「かみつく、ギャーッと激しいパニックを起こす子は実は知的レベルが高く、パニックなどがなくなった時に大きく伸びる。おとなしい子どもは逆に伸びにくい」と言います[7]。これを脳の活動から考えると、脳の活動の活性度が高い子どもは、その混線が整理されたときに著しく発達をみせるが、脳の活性度が低いままだと発達しにくいとも考えられます。保育者は、激しい感情を出す子どもの姿を、脳の活性度が著しく高い状態と捉えることで、（この子どもはきっと伸びるだろう）と肯定的なまなざしを向けやすいでしょう。

脳の活性度を高める運動プログラム

脳の活性度が高い状態は、遊びのなかでつくりだすこともできます。前橋は、おにごっこのような必死で逃げ回る遊びは、安全な中で架空の緊急事態が体験できる遊びであり、その興奮が、前頭葉の興奮と抑制という機能を高めると説明しています[8]。正木健雄や柳澤弘樹も同様の効果を示しています。

脳は、機能を使うことで変化し発達する臓器です。おにごっこのように活性度の高い遊びや、笑顔がはじけるじゃれつき遊びなど、のびのびと心と体を動かす遊びを保育の場に積極的に取り入れたいものです。

(3) 内田伸子、子どもの未来応援団『AIに負けない子育て：ことばは子どもの未来を拓く』ジアース教育新社、2020
(4) エレーヌ・フォックス『脳科学は人格を変えられるか？』文藝春秋、2017
(5) 池谷裕二『脳と心のしくみ：最新科学が解き明かす！』新星出版社、2015
(6) エイドリアン・レイン『暴力の解剖学』紀伊国屋書店、2015
(7) 今井寿美枝『「がまんする力」を育てる保育』大月書店、2016　内容は直接伺った。
(8) 前橋明『3歳からの今どき「外あそび」育児』主婦の友社、2015

5 人格心理学における性格の捉え方

性格の5因子

　ノーマンは、性格には外向性（活動的、情熱的な、刺激を求める）、調和性（利他的、親切な、共感的）、誠実性（努力する、忠実、計画的）、神経症的傾向（不安定な、緊張した）、開放性（想像力、芸術的、アイディア）の5因子があり、それらが組み合わさることにより性格がつくられることを示しました[9]。

「げんきな子ども」を目指して良いのか？

　このような人格心理学の知見から考えると、園の目標に「げんきな子」や「明るい子」等、めざす子ども像を示すことが本当に望ましいのでしょうか。

　たとえば、「げんきな子」というおおまかな捉え方を、「外向性が高い」「環境の刺激に強い」「変化を好む」と細やかな視点で見ると、「げんきな子」を目標とすることを考え直すきっかけになるでしょう。

タンポポはチューリップを目指さなくてもよい

　本章では、子どもたちは本来多様であることを示してきました。多様であるものをある一定の方向へ導こうとすると無理が生じます。タンポポに対して「あなたはチューリップをめざしなさい」と言う必要はありません。子どもは多様であるという知識は、子どもを理解する上でも、保育を計画する上でも欠かせません。

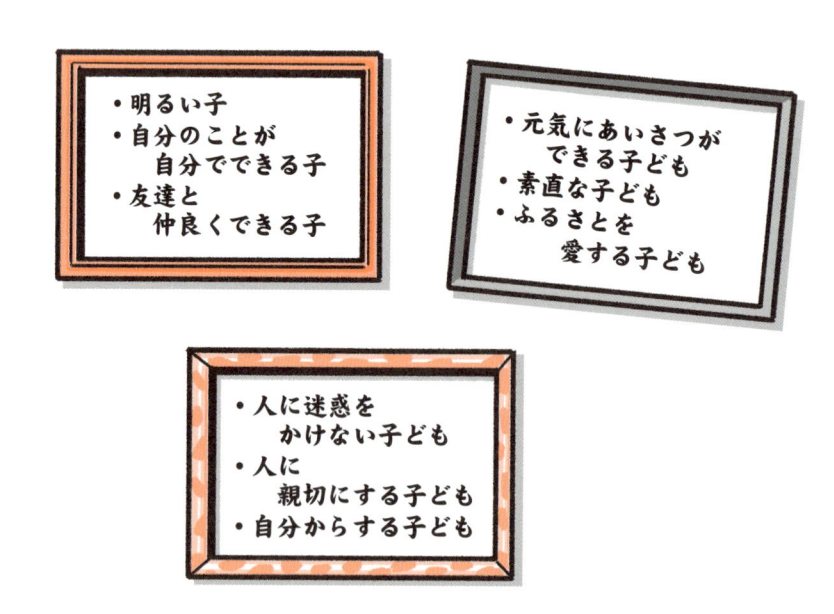

(9) Norman, W.T. (1963) Toward an Adequate Taxonomy of Personality Attributes: Replicated Factor Structures in Peer Nomination Personality Ratings. Journal of Abnormal and Social Psychology, 66, 571-583.

MEMO

第 10 章
生得的・後天的な障害

1　周産期から乳幼児期の障害

生得的な障害

　障害には、出生前・出生時の障害と、出生後の後天的な障害があります。妊娠中や出生時に診断される生得的な障害には、心室中隔欠損、口唇口蓋裂、ダウン症候群等があります。このように診断された疾病や目に見える障害は、把握がしやすいものです。また、生殖医療・周産期医療の変化を背景として、NICUで長期入院後に経管栄養、気管切開等日常的に医療的ケアを必要とする子どもが増加しています[1]。

把握しないとわからない低体重等

　早期産や低体重のように、保育者が把握しようとしない限りわからない情報があります。晩婚化等によって、高齢出産や生殖補助医療技術によるハイリスク妊娠・出産は増加しています[2]。また低出生体重児（2500 g 未満）の割合は、1980 年代から増加し 2005 年頃からは約 9 ％半ばと横ばいが続いています[3]。保育者は、約 10 人に 1 人が低出生体重児であると理解しておく必要があります。早期産や低体重での出産などが、その後の発達に影響を及ぼしていることもあります。

よく関わって早期発見につなげる

　脳に異常がなくても視覚刺激や聴覚刺激が入力されない脳は、その機能を発達させることができません。生まれつき視覚や聴覚に障害のある子どもは、できるだけ早期に補助具の使用や手術を行うことによって感覚器と脳とのつながりをつくることができます[4]。そのためには早期発見、早期治療が肝心です。難聴の子どもは、「言葉が遅れる」「落ち着きがない」などの行動で気づかれることもあります。また難聴でも特定の音には反応するため、4 ～ 5 歳まで発見が遅れる場合があります（右ページ事例）。

2 後天的な障害

後天的な障害の原因

子どもの後天的な障害は、交通事故、転倒や溺水、誤嚥、飲酒、乳児期の激しい振動や暴力等によって、脳や身体に損傷を受けることで起きます。脳の障害と聞くと「生まれつき」と考えがちですが、脳の障害は生後の環境によっても生じるものです。たとえば継続的で深刻なストレスは、脳内の神経細胞の死滅につながることが明らかになっています [5]。

ケガや病気が障害につながらないように

子どもは、ケガをすることや事故に遭うこと、病気にかかることがあります。それらが障害として残ることがないように保育者は保健に関する知識を学んでいます。

ただ、栄養・保健・医療等の分野でも、知識は変化しています。たとえば以前は切り傷には消毒をしていましたが、今は消毒をしない治療が行われています。また顔や体に傷が残りそうなケガをした場合には、傷跡を残さない専門治療ができる医師がいます。ケガをした直後は、応急処置として近隣の一般外科へ行くとしても、傷跡を残さないようにするためには一週間以内に形成外科へ行くようにします。その地域の専門医は、日本形成外科学会で検索できます。

事例　耳がほとんど聞こえていなかったPちゃん

3歳児クラスで担任したPちゃんは、2歳児クラスの個人記録には「集まりが苦手。話を聞かない」と書かれていました。確かに集まりや片付けの時間になっても遊びをやめることがありません。友達ともよくトラブルになっています。3歳ですが言葉もほとんどしゃべりません。片付けの時間にPちゃんのそばにいって話をすると眉をしかめるような表情をします。後ろから話しかけても振り向きません。ひざのせ遊びをすると私の目ではなく口を見ています。もしかすると耳が聞こえにくいのではないかと思い、保護者に「Pちゃんは耳が聞こえにくいような気がするのですが、何かお家で気がつくことはありませんか」と尋ねると「Pは言うことを聞かない子だから」と話していました。しかし後日、耳鼻科に行ったところほとんど耳が聞こえていないことがわかったそうです。

---

(1) 田村正徳 他「医療的ケア児に関する実態調査と医療・福祉・保健・教育等の連携促進に関する研究」2018年
(2) 厚生労働省「母の年齢（5歳階級）・出生順位別にみた合計特殊出生率」2018　https://www.mhlw.go.jp/toukei/saikin/hw/jinkou/kakutei18/
(3) 平成30年度子ども・子育て支援推進調査研究事業「小さく産まれた赤ちゃんへの保健指導のあり方に関する調査研究 報告書」2019
(4) ダナ・サスキンド、掛札逸美 訳『3000万語の格差：赤ちゃんの脳をつくる、親と保育者の話しかけ』明石書店、2018
(5) マンフレンド・シュピッツァー 他『デジタル・デメンチア：子どもの思考力を奪うデジタル認知障害』講談社、2014

3 　障害による特性の理解

行動を障害のせいにしない

　障害がある子どもの場合、その子どもの行動が、発達上の行動ではなく、障害のせいにされることがあります。たとえばダウン症の子どもが発達上「イヤ」を繰り返しているときに（この子はダウン症だから理解できないのだ）と捉えるなどです。

　乳幼児期の子どもの行動には、①発達上、どの子どもにも起きること、②その子どもの個別性によるもの、があります。病気や障害がある場合は、この②の個別性の一つと考えることができます。視力が悪い人は大勢いますが、多くはメガネやコンタクトレンズを使うことで日常生活が可能です。しかし日常生活が困難な場合には、障害の認定を受けることで生活の援助を得やすくなります。障害は個別性の一つであり、障害があってもなくても発達の道すじは同じです。

保育者は障害を学ぶことで援助の幅が広がる

　それぞれの障害の特性を理解することで、適切な援助を発見しやすくなります。たとえば、子どもが食べ物を飲み込みにくいときに、保育者は発達の問題と考えがちですが、実は食道に障害があるという場合もあります [6]。ダウン症の合併症（がっぺい）として心疾患（かん）、消化器や内分泌（ぶんぴつ）等の疾患等があることを知っていれば、適切な対応を発見しやすくなります。また、それぞれの障害の身体や認知の特徴に合った関わりや環境づくりが必要です。園長や主任は、障害の理解と援助のための学習機会をつくり、書籍などの資料を園に準備し、園内に学びの雰囲気をつくるようにします。

4 　発達障害（神経発達障害群）

発達障害は行動特徴で診断する

　発達障害（神経発達症群）には、自閉スペクトラム障害、注意欠如（けつじょ）多動性障害、限局（きょく）性学習障害等が含まれます [7]。発達障害は、脳の機能障害が原因と考えられています。発達障害は、見え方や聞こえ方など環境への注意の向け方が異なることや、能力に著しい（いちじる）凹凸（おうとつ）があることから、周囲に理解されにくい障害と言われています。

　発達障害の診断は、右ページの表のように子どもの行動特徴によって行います。そのため染色体異常が原因のダウン症候群と違い、診断は絶対ではありません。ダウン症は、合併症の手術を行っても、年齢とともに発達しても、ダウン症という診断は生涯変わりません。しかし発達障害の場合には、診断に該当する行動がなくなると、自閉症と診断されていた子どもの診断名がなくなることがあります [8]。

発達障害と間違われやすい子ども

発達障害は行動の特徴で診断されます。そのために、ギフテッドと呼ばれる能力が著しく高い子どもや、感受性が高く環境の刺激を受けやすい子ども (HSC)、日本の文化に慣れない外国籍の子どもが発達障害と誤診を受けることが指摘されています [9]。能力が著しく高い子どもの場合には、何かに興味や関心をもつと過剰に集中することがあります。また集まりやお遊戯、行事の練習、創意工夫ができない工作等、思考力や創造性を発揮できない活動は、頑として拒否することもあります。

また発達障害と行動がよく似ているものに、愛着障害があります [10]。愛着障害は、身体的虐待やネグレクト等により人との安定した愛着を形成できないことが原因だと考えられています [11]。発達障害との違いは、多動や感情にムラがあること、注目されたい行動として多動や逸脱行動を起こすことです [12]。

発達障害、愛着障害ともに養育者が困る行動としては、激しい感情表出や突然の人への攻撃などがあります。記憶のスリップで数か月前に言われた言葉を思い出して怒り始める、何かの音が引き金になって突然落ち着きがなくなるなどが原因であると言われています [13]。

自閉スペクトラム症の診断基準例（DSM-5）

1 複数の状況で社会的コミュニケーションおよび対人的相互反応における持続的欠陥があること

2 行動、興味、または活動の限定された反復的な様式が二つ以上あること（情動的、反復的な身体の運動や会話、固執やこだわり、極めて限定され執着する興味、感覚刺激に対する過敏さまたは鈍感さなど）

3 発達早期から1、2の症状が存在していること

4 発達に応じた対人関係や学業的・職業的な機能が障害されていること

5 これらの障害が、知的能力障害（知的障害）や全般性発達遅延ではうまく説明されないこと

(6) 岡本伸彦、巽純子『ダウン症候群児・者のヘルスケアマネジメント：支援者のためのガイドブック』かもがわ出版、2010
(7) 日本精神神経学会 精神科病名検討連絡会「DSM-5 病名・用語翻訳ガイドライン」精神神経学雑誌 第116巻 第6号（2014）429-457頁
(8) 映像メディアの節で挙げた小児科医の片岡直樹、家島厚等はこのような症例を紹介している。
(9) J・T・ウェブ 他『ギフティッドその誤診と重複診断：心理・医療・教育の現場から』北大路書房、2019　金 春喜『「発達障害」とされる外国人の子どもたち：フィリピンから来日したきょうだいをめぐる、10人の大人たちの語り』明石書店、2020
(10)（11）杉山登志郎『発達障害のいま』講談社、2011　友田明美、藤澤玲子『虐待が脳を変える：脳科学者からのメッセージ』新曜社、2018
(12) 米澤好史『愛着障害・愛着の問題を抱えるこどもをどう理解し、どう支援するか？：アセスメントと具体的支援のポイント51』福村出版、2019
(13) 杉山登志郎『発達障害のいま』講談社、2011

5 治療、療育の場での五つのアプローチ

脳は障害があっても発達できる

　生得的に脳に障害があっても、周産期やその後に脳に障害が起きても、乳幼児期の脳は発達が著しく、脳は機能を補完する働きをもっています。また脳や身体は、乳幼児期をすぎても生涯発達できることがわかっています。脳機能の発達には、十分な睡眠と栄養が欠かせません。睡眠リズムの形成は療育の前提です。

園以外で行われる個別の療育方法

　障害のある子どもへのアプローチは、右ページのように、①家庭、②園、③療育施設や病院等の三つの場で行われます。保育の場でのアプローチは、第3部で説明するため、ここでは園以外の治療や療育の場で行われているアプローチの全体像を説明します。

　病院や施設等で行われる治療や療育は、年数回から月数回程度、日常とは離れた場で、個別あるいは数人の小さな集団で行われています。その方法には、問題となる行動の減少を目的とする対症療法的な方法と、根本的な原因に対してアプローチする方法があります。

大人が困る行動を改善する方法

　大人が困る行動を軽減するために用いられる方法には、主に薬と環境改善があります。薬は多動等の問題となる行動を抑えるための薬が用いられています。環境改善は、応用行動分析療法、心理的アプローチのように、周囲の環境や大人の関わり方など環境を改善する方法があります。

原因の除去と学習を促す方法

　根本的な原因に対してアプローチする方法は、四つに分けることができます。一つ目は、感覚統合療法、動作療法、タッピング、ビジョントレーニング、記憶ゲームなど、感覚や運動、認知など身体にアプローチする方法です。二つ目は、知識や新しい行動様式の学習です。個別に絵カード等を使って言葉や表情の理解等を促す指導を行います。三つ目は、食事（栄養）の改善、映像メディアの除去、睡眠の改善など生理面へのアプローチがあります。四つ目は、薬物による治療です。原因へアプローチする薬としては水銀等の有害ミネラルの輩出を促す薬や、ビタミンやミネラルを補給する薬、腸内環境を改善する薬の使用が行われています。

　現在は臨床の現場でこれらの方法によって著しく改善された症例が報告されている段階です [14]。

発達障害がある子どもへのアプローチの全体像

1
家庭での養育
（毎日）

2
園での保育
（週4〜5日）

**発達障害のある
子ども**

睡眠・食事改善
運動・身体へのアプローチ
（感覚統合療法、動作療法等）

映像メディア視聴の除去
絵カードなど視覚を活用した学習
ビジョントレーニング
記憶ゲーム
有害ミネラルの輩出を促す薬
栄養療法、腸内環境改善他

多動等の行動を改善する薬

応用行動分析療法
心理的アプローチ等

3
療育機関や病院等で行う療育や治療
（年数回〜月数回）

(14) 「参考文献」を参照のこと。またインターネットでも多くの臨床家を発見できる

第11章
脳と遺伝子

1 脳の概要

脳の主な構造と機能

　脳は人間の心と体と知性のコントロールセンターです。脳は、主に脳幹・小脳・大脳に分けられます。脳幹は、主に運動や感覚と自律神経や内臓機能等生命活動の中枢を担っています。小脳は、体全体の平衡を保ち運動機能を調節します。大脳は、人間らしさを司り、大脳基底核（表情認知、運動等）、大脳辺縁系（意欲、感情、記憶等）、大脳皮質（注意、行動制御、問題解決等）が重なり、互いに影響を及ぼし合っています。

脳の発達

　脳は、人間の進化の過程を繰り返すように、中心から末端へ向けて発達していきます[1]。出生時、脳の神経細胞は大人と同じだけ出揃っています。その脳細胞がどのような機能を果たすようになるかは生後の環境によって変わります。脳は、周囲の環境に適応するように、ネットワークを形成していきます。大脳のシナプス密度は８か月で最大となり、その後徐々に減少します。使わないシナプスは脱落し、必要なシナプスだけが残されていきます。そしてシナプスのできない神経細胞は消滅します。脳は、その子どもが育つ環境を反映するように形成されます[2]。

　10歳頃にはシナプスの密度は大人と同じ密度となります[3]。10歳以降も脳は変化することができますが、10歳頃までにある程度脳のハードができあがるため、10歳頃までに体を動かし、感覚や運動機能を十分に使うことが重要です[4]。

(1) 池谷裕二『脳と心のしくみ：最新科学が解き明かす！』新星出版社、2015
(2) デイヴィッド・イーグルマン、梶山あゆみ『脳の地図を書き換える：神経科学の冒険』早川書房、2022
(3) 山本健一『意識と脳：心の電源としての意識』サイエンス社、2000
(4) 坂野登『脳と教育：心理学的アプローチ』朝倉書店、1997
(5) エレーヌ・フォックス、森内薫『脳科学は人格を変えられるか？』文藝春秋、2017
(6) ダナ・サスキンド、掛札逸美 訳『3000万語の格差：赤ちゃんの脳をつくる、親と保育者の話しかけ』明石書店、2018

2 脳が著しく発達し変化しやすい乳幼児期

出生後の数年で脳は著しく発達する

　乳幼児期の脳は発達が著しく、柔軟で可塑性(かそせい)があります。脳は、環境に順応(じゅんのう)するように構成していきます。子どもがどのように見て、聞いて、感じるかも生まれつき完成しているわけではなく、環境に合わせて形づくられます。

　脳は生涯変化しますが、視覚や言語等それぞれの機能の獲得に最も適した敏感期があると考えられています。たとえば、ある時期に適切な刺激が感覚器官から送られることがなければ、脳も身体の感覚も発達できません[5]。生まれつき耳が聞こえない、目が見えない場合には、ある年齢までに手術を行い、感覚刺激を脳へ送る必要があります[6]。

脳は環境に合わせて脳内モデルをつくる

　脳は生後の体験によって自分を取り巻く世界のモデルをつくりあげ、その脳内モデルを使って世界を見ることもわかっています。生後わずか数年でも、それぞれの子どもの体験は異なり、それぞれが異なる脳内モデルをつくりあげています。たとえば生後すぐから長時間映像を見ている赤ちゃんがいれば、その赤ちゃんはその光が点滅する環境に順応するように脳内モデルを形成します。もしも高速で変化する光点滅刺激を認識しやすい脳内モデルをもっていれば、人の柔らかなまなざしや動きや声は、認識し理解することが難しいと考えられます。

　子どもは生後数年の内に、それぞれが一人ひとり異なる脳をつくり上げています。

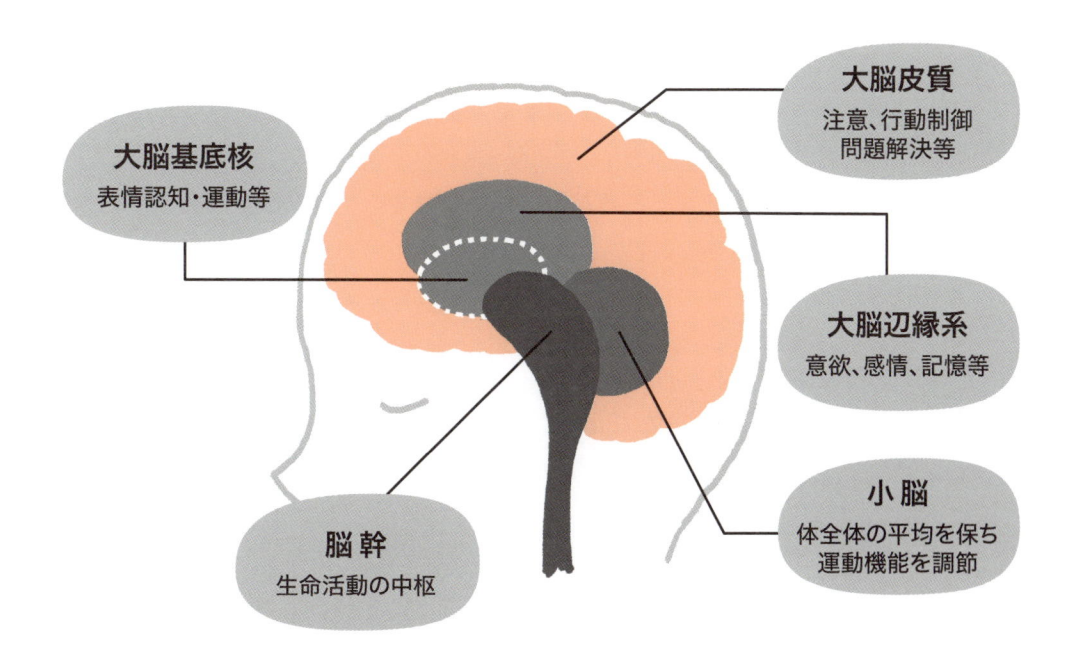

3 乳幼児期の脳の発達は目に見える

子どもの脳の発達は目で確認することはできません。しかし、乳幼児期の子どもの脳の状態は、運動、睡眠リズム、コミュニケーションなど、様々な部分に現れます。

脳の発達は運動に現れる

脳の発達の状態は、姿勢の変化や運動の発達に現れます。4か月検診では赤ちゃんの首の据わりを確認し、1歳半検診で歩くかどうかを確認するのはそのためです。脳に障害等があると、強い緊張の姿勢や、運動の遅れなど体に何らかの印が現れます。物を操作する、道具を使うなど手指の発達にも、脳の発達が現れます。

脳の発達が進むと、モロー反射や把握反射のような原始反射はなくなっていきます。また脳の発達に伴って新たに生じる反射もあります。たとえば大脳皮質が発達すると、平行反応（体を斜めにすると手をつこうとする）[7] が出てきます。

脳の発達は睡眠リズムに現れる

脳の成熟と発達は、睡眠のリズムにも現れます。脳に障害がある場合、昼間起きて夜眠るという睡眠リズムがいつまでもできません。反対に、大人が赤ちゃんを夜ずっと起こしておくなどして、睡眠リズムをつくらせない場合にも脳の発達に悪影響が現れます。

脳の発達はコミュニケーションに現れる

脳の発達は人とのコミュニケーションにも現れます。人の目に注意を向け、人に笑いかけるようになるといった行動も、脳が発達した証拠と考えることができます。見立て遊びをする、ルールのある集団遊びをするなどの遊びの変化も、脳の発達の現れです。

また、脳の発達は感情、認知、思考などにも現れます。それは脳が人間の行動や感情をコントロールする役割を担っているためです。

(7) 前川喜平『小児の神経と発達の診かた 改訂』新興医学出版社、2000
(8) ノーマン・ドイジ『脳は奇跡を起こす』講談社、2008
(9) エレーヌ・フォックス、森内薫『脳科学は人格を変えられるか?』文藝春秋、2017
(10) ノーマン・ドイジ『脳は奇跡を起こす』講談社、2008　アナット・バニエル 他『限界を超える子どもたち─脳・身体・障害への新たなアプローチ』太郎次郎社、2018
(11) 市川衛『脳がよみがえる脳卒中・リハビリ革命：NHK スペシャル』主婦と生活社、2011
(12) スーザン・グリーンフィールド、広瀬静『マインド・チェンジ：テクノロジーが脳を変質させる』KADOKAWA、2015
(13) 鵜木元香『生まれつきの女王蜂はいない：DNA だけでは決まらない遺伝子の使い道』講談社、2016

4 脳は変化する

　これまで、脳は乳幼児期に著しく発達し、10歳頃に完成し、その後は発達しないと考えられてきました。しかし脳は、思考と行動によって、その構造を変化できる臓器であり、成人以降であっても学習、人間関係、文化や使用する技術、中毒（依存症）等により、生涯変化することが明らかになっています[8]。

脳機能は補完（ほかん）できる

　筋肉は日頃の生活やトレーニングによって変化します。同様に、脳も環境と経験に合わせて変化します。脳の機能は、担当する部位がある程度決まっており、ある部分の神経細胞が障害を受けるとその機能は失われます。また使わない脳の部分は、他の機能に乗っ取られることがあります[9]。

　脳に障害が起きても、その機能の回復は可能です[10]。脳は、新しい行動や学習を続けることによって、別の神経細胞が損傷した脳の機能を補完するように変化します。リハビリの分野では、脳卒中等で障害が発生してから数年後であっても、たとえ高齢であっても機能が回復することが明らかになっています[11]。

遺伝子の発現（はつげん）は生後の環境で変化する

　人が生まれつきもっている遺伝子は、その人の性格や知能、病気等に影響を及ぼします。しかし脳と同様に、遺伝子も生後の環境によって変化する性質をもっています。ある遺伝子を生まれつきもっていても、その遺伝子が発現するかどうかは生後の環境によって変わります[12]。

　遺伝子はたとえていえば種のようなものと考えられます。水を注がれた種は芽が出ますが、注がれなかった種は芽が出ないままになります。ある病気の遺伝子を生まれつきもっていたとしても、その病気にかかるかどうかは生後の環境によって変わるのです。遺伝子も、脳と同じように「遺伝」と「環境」の双方（そうほう）が影響を及ぼします。

生後、早期の体験は遺伝子レベルに変化をもたらす

　母ネズミに放置されたネズミは、ストレス耐性が弱く、成長してからわが子をネグレクトするネズミになります。しかし、遺伝的にかわいがられないネズミを、かわいがる母ネズミに育ててもらうと、早期の環境（関わり）によって、遺伝子レベルに変化が生じます。そして乳幼児期に親以外のネズミにかわいがられたネズミは、わが子をかわいがるネズミになるのです。

　人間も乳幼児期は、遺伝情報が形成される重要な段階であるため、この時期にどのような経験をするかがとても重要です[13]。

第12章
大人の関わりと保育環境

1 人への信頼を築くことがすべての発達の始まり

子どもは人によって人になる

　子どもの育ちは環境によって支えられています。世話をする大人が赤ちゃんの目を見つめ、優しく話しかけながら抱き上げてミルクを飲ませ、オムツを替えると、子どもは、自分を取り巻く人と環境は信頼できるものであり、自分は愛される存在だと認識します。

あやされることが発達の原点

　赤ちゃんは大人に抱きあげられ抱きしめられるときに、自分の身体の動きや皮膚の感覚を感じます。仰向けであやされるときには大人の目をじっと見つめ、声に聞き入ります。仰向けで手足をバタバタと動かし全身で応答しようとします。大人の目をじっと見つめることと声を聞くことを繰り返した赤ちゃんは、人の目や声に注意を向ける機能を獲得します。自分を取り巻く複雑な環境の中から何かに注意を向ける力を獲得すると、積極的に環境を探索し、様々な学習を行うようになります。そして運動、操作、コミュニケーション等の様々な能力を獲得していきます（右ページ）。

「抱っこだけ」ではダメ

　しかし、大人がただ抱っこをしているだけでは、人への信頼は形成されません。赤ちゃんの気持ちに関係なく、視線も合わせることなく、ただ抱っこをしているのは、ゆすり機能付きラックと変わりません。

　子どもは心の安心と安全があって、初めて学びに向かうことができます。そのため保育では養護（ケア）と教育を一体的に行います。保育者は、子どもが安心できる場をつくり、子どもとの信頼関係をつくるように優しく応答的に関わります。

乳児期に育つ「信頼」と「注意力」が、すべての発達の基盤

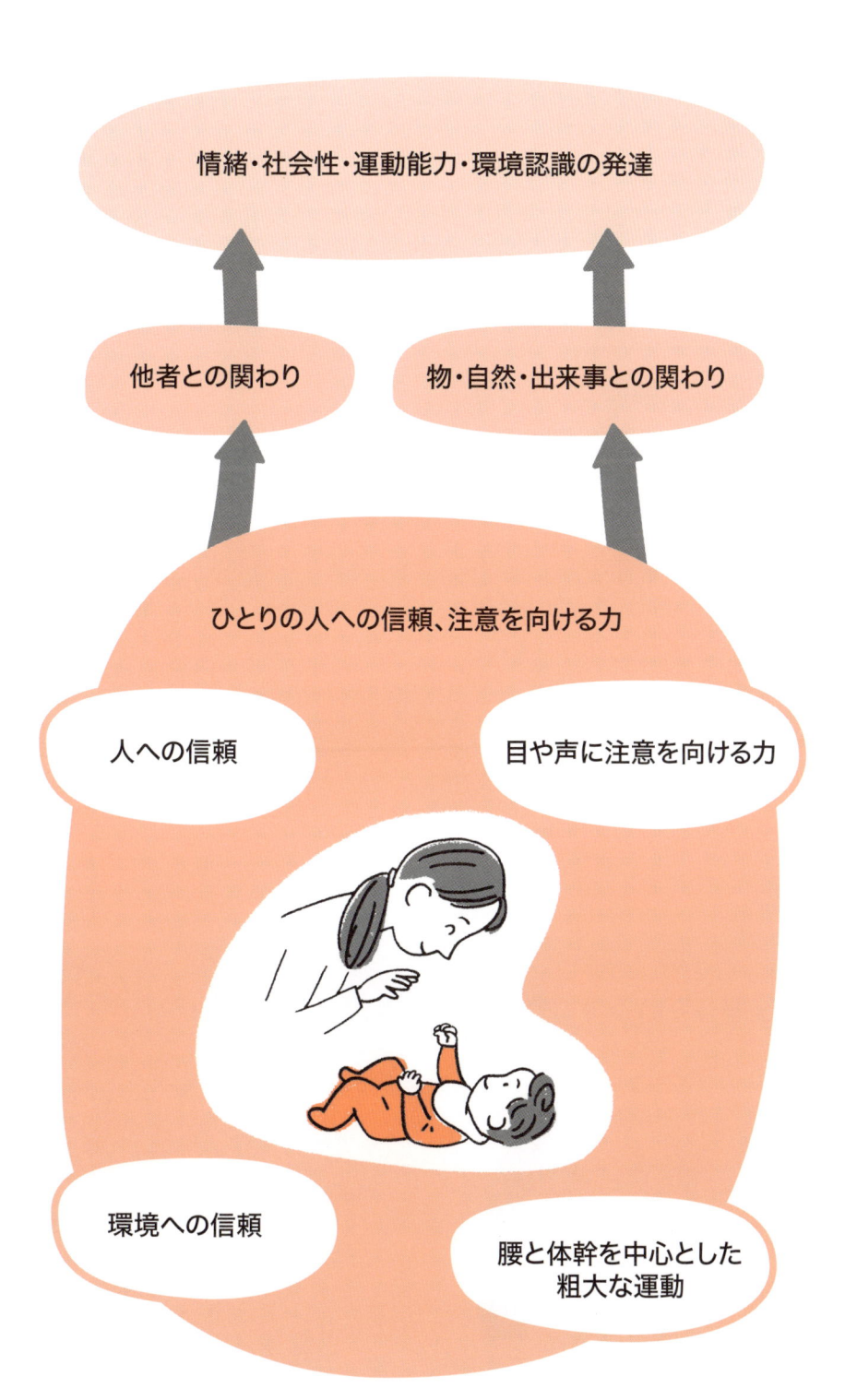

2 乳幼児の感情と行動等は
保育者のまなざしに影響を受ける

発達の理解度により子どもの見え方が違う

　保育者の子どもへのまなざしが冷たい場合や、保育者の関わりが否定的であると、子どもの感情は不安定になります。

　乳幼児の行動は、保育者が発達を理解しているかどうかによって捉え方が変わります。たとえば1歳児が歩き回っている姿を見たとき、発達をよく理解している保育者は、「積極的に探索している」と肯定的に捉え、発達を理解していない保育者は「集中力がない」と否定的に捉えます。

叱ることは行動の改善につながらない

　乳幼児期は、大人とは全く違う身体と認識の段階にあります。たとえばハイハイをしている赤ちゃんに「ちゃんと歩きなさい！」と怒る大人はいないでしょう。しかし子どもは、ハイハイ以外にも大人から見ると未熟な行動を見せるものです。その際、発達を理解していない保育者は、子どもの発達に必要な行動を止めたり叱ったりします。すると子どもは発達したいという欲求を満足することができず、情緒がより不安定になります。保育者に怒りの感情を向けられ、否定的な言葉をぶつけられる子どもは、より怒りの感情を表出します。それによって保育者はより叱責が増えるという悪循環に陥ってしまうのです。

　「叱る」という行為は、子どもの行動改善につながりません。叱られると子どもは情緒が不安定になり、学びから遠ざかります。子どもを制止することや叱ることが多い保育者は、まずは子どもの発達と援助方法を学ぶことが欠かせません。

発達を理解している保育者

・「ダメダメ」と言わない

・発達に合った
　環境づくりと関わりを行う

・子どもの将来を心配しない

発達を理解していない保育者

・「ダメダメ」率が高い

・正常な行動を叱る

・発達に合わない活動をさせる

・子どもの行動を見て
　　　将来を心配する

3 子どもの感情と行動等は保育環境で変化する

感情と行動は環境に影響を受ける

　子どもの感情や行動等は、子どもが置かれた状況によって変わります。たとえば、新入園児が泣き、落ち着きなく動き回るのは、不安の現れでありその子どもの性格ではありません。

　子どもの情緒が不安定であるときや、何か気になる行動が見られるときには、まずは保育の場と保育者の関わりに問題がないかを確認します。

保育室の環境と子どもの行動

　「子ども同士のトラブルが多い」「子どもに乱暴な行動が多い」場合には、まずは保育室や園庭の物的環境を見直す必要があります。たとえば保育室に十分な量の遊びの素材や道具がない場合には、不必要な取り合いが起きます。子どもの手の届く場所に発達や興味に合った遊びの素材と道具が置かれていない場合、子どもには持て余しの行動が見られます。たとえば室内を走り回る、水道やトイレで遊ぶ、友達をむやみに攻撃する、保育室から出ていこうとするなどです。子どもの危険な行動が増えると、保育者の制止や叱責が増えます。そうなると子どもは、活動の欲求も安心の欲求も充足できず、より情緒が不安定になり危険な行動が増えるという悪循環になります。

事例　室内環境が変わったら子どもの動きも遊びも変わる

　保育室を借りて子育てひろばを始めたときのこと。その保育室は、原色の派手な模様のじゅうたんの上にすべり台が２台置かれ、机や椅子ドアも原色のカラフルな部屋で壁にも天井にも折り紙で飾りが付けられています。初めに２歳の子ども５人を部屋へ招き入れると、キーッ、キャーと奇声を上げながら部屋を走り回ります。すべり台からジャンプするなど興奮しきった様子が20分経っても止まりません。これでは保護者の相談を受けることもできないため環境を変えました。じゅうたんはベージュの落ち着いた色に変え、すべり台は廊下へ出し、カラフルな机やドアには布をかけて部屋全体を落ち着いた色彩にしました。そして、ごっこ遊び、操作遊び、積み木、絵本や言葉の空間等をつくり、再び同じ子どもたちを招き入れました。するとすぐにごっこ遊びや積み木をはじめ、子ども同士でおしゃべりをしていました。環境が違うと子どもは別人のような姿を見せます。

4 乳幼児の発達は保育環境に影響を受ける

乳児期の環境と発達

　自然の環境や、物的環境が充実している園は、子どもの脳や心身の発達にも良い影響を与えます。とくに0歳の時期は、室内ですごす時間が多いため、保育室内の物的環境の充実が必要です。

　赤ちゃんは、物をなめて口で確かめることによって手指と口腔内（こうこうない）から脳の発達に必要な刺激を送ります。またそれによって唇、舌、歯ぐきの細かな感覚と運動機能を発達させ、上手に食べることや、なめらかに話すための準備をしています[1]。

　乳児期に物をさわらせない、なめさせない環境は、子どもの脳や食、言葉の機能の発達に良い影響を与えません。

幼児期の環境と発達

　幼児も常に体を動かし全身を使って環境に働きかけます。そして、環境の性質を学習し、環境に合わせて運動能力やコミュニケーション能力、手先の器用さなどを獲得していきます。そのため、保育者は常に子どもが自発的に動き、手を使うことができるように環境をつくります。

　子どもの手の届くところに物が置かれておらず、子どもが手を使えない環境や、狭い場所に子どもを集めて動けないようにする環境は、子どもの発達の機会を奪う"教育ネグレクト"や"教育虐待"だと考えることができます[2]。

MEMO

5 園と家庭による子どもへの教育虐待

教育虐待と教育ネグレクト

　小児科医として心の問題を抱える子どもたちを診てきた古荘純一は、「教育虐待・教育ネグレクト」を「子どもに直接的に教育指導をする親や教師などから、子どもが受ける、一次的あるいは二次的な有害事象」と定義し、教育虐待は「子どもにとって有害なことを行うこと」であり、教育ネグレクトは「子どもにとって必要なことを提供しないこと」と説明しています。そして乳幼児期の早期教育が教育虐待となり、情緒的な親子の関わりを奪い、親子関係を歪めていることを指摘しています[3]。

保護者の教育虐待を防止する園

　乳幼児期という親子の関係づくりの時期に伴走する保育者は、保護者の教育虐待を防止することも、教育虐待を増やすこともできます。

　保護者の教育虐待を防止する園は、乳幼児期の発達にふさわしい遊びを中心とした保育を行い、保護者のモデルとなる関わりを行う園です。それらの教育的な意味を説明することで、保護者の教育のやりすぎを防止できます。

保護者の教育虐待を促す園

　反対に、保護者の教育虐待を増やす園は、園自体が教育虐待を行っている園です。教育として発達に合わない活動を子どもにさせ、子どもに厳しい指導や叱責を行っている園は、保護者に幼児教育を誤解させ、誤った関わり方を学習させてしまいます。1、2歳児に一斉の活動をさせる保育や子育て支援も、保護者に「大人が子どもに何かをさせることが教育である」と誤解を植えつけてしまいます。

　園の保育は、保護者のモデルです。園が適切な保育を行うことが保護者の不適切な関わりを防止することにつながります。

　適切な保育・不適切な保育の詳細は『保育内容5領域の展開』を、保育者の適切な関わり・不適切な関わりについては『改訂　保育者の関わりの理論と実践』を参照ください。

---

(1) 緒方克也「食べる機能の発達と支援」『ダウン症候群児・者のヘルスケアマネジメント：支援者のためのガイドブック』かもがわ出版、2010
(2) (3) 古荘純一、磯崎祐介『教育虐待・教育ネグレクト：日本の教育システムと親が抱える問題』光文社、2015

6　虐待の脳への影響

脳は環境に合わせてシステムをつくる

　赤ちゃんの脳は、赤ちゃんを取り巻く環境を反映したシステムをつくります。安心や喜びが多い赤ちゃんは、安心や喜びを感じやすい脳のシステムをつくります。反対に不安や緊張、恐怖の感情を繰り返し経験する赤ちゃんは、周囲を警戒しネガティブな感情が出やすい脳のシステムをつくります。

　その上、不安や緊張、恐怖の経験は、赤ちゃんの脳の健やかな発達を妨げ、子どもの学習、記憶、自己制御に関する脳の発達を妨げる可能性が指摘されています。

乳幼児期の虐待が脳へ与える影響

　脳が形成される乳幼児期に虐待を受けることの影響は生涯に渡ります。虐待は、脳の特定の部位にダメージを及ぼし、生涯にわたって心の疾患が現れやすくなることがわかっています[4]。

　虐待と脳の関係を研究する友田は、長期間過度な体罰を経験した子どもには前頭前野の萎縮が見られること、強いストレスをさらされた子どもは記憶や学習を司る海馬の神経細胞が損傷を受け萎縮すること、視覚野や聴覚野等にも影響を及ぼすことなどを報告しています[5]。大きな恐怖の体験を受け続けると、扁桃体が過剰に反応し、それによって扁桃体そのものや、記憶を司る海馬に影響を及ぼし、その容量が減少することにもつながります。子ども時代に性的虐待を受けた大学生の脳を調べたところ、視覚野の容積が減少していました。その影響は思春期以前の11歳までに虐待を受けた患者が著しく、虐待を受けた期間が長いほど、容積は小さくなっていたことが報告されています。

児童虐待と精神疾患

　また友田は、児童虐待を受けた人が引き起こしやすい精神疾患として、気分障害、不安障害、境界性パーソナリティ障害、薬物依存・乱用、自傷行為等を挙げています[6]。

　保育では、子どもに継続的に不安や緊張、恐怖を与えるような保育内容や指導は避ける必要があります。

(4)(5)　友田朋美『親の脳を癒やせば子どもの脳は変わる』NHK出版、2019
(6)　友田朋美、藤澤玲子『虐待が脳を変える：脳科学者からのメッセージ』新曜社、2018

MEMO

第13章
乳幼児期独自の発達の姿

1　乳幼児の理解には発達の専門知識が欠かせない

乳幼児は大人の小型でも小学生の小型でもない

　乳幼児期の子どもの行動は、その発達段階ならではの行動があります。

　小中学校の教員の場合、学童期以降の子どもは大人の発達に近いため、発達の知識がなくても、子どもの行動をある程度理解することができます。しかし保育者は、乳幼児期の発達過程で現れる独自の行動を理解するために、発達の知識と保育の経験の両方が必要です。

　発達の知識をもつ保育者は、子どもの行動をよりよく理解することができます。

乳幼児は上手くできない時期

　発達の知識のなかで、保育者が最も理解する必要があることは、乳幼児期の子どもは、上手くできないことばかりで当然であるということです。

　子どもは、運動も人間関係も体験を重ねることで能力を獲得していきます。たとえば、はじめはバラバラに手足を動かしていた赤ちゃんは、次第にリズムよく手足を動かすようになり、見た物に合わせて手を伸ばしつかめるようになります。手にしたものを何でも投げたり机に登ったりしていた赤ちゃんは、腕をコントロールできるようになり、物の用途やルールを理解すると、場に合わせた行動ができるようになります。大声でしか話せなかった２歳児は、次第に場に合わせた大きさの声を出せるようになります。

発達の方向性

　発達は、単純から複雑へ、無秩序から秩序へ、未分化から分化へ、未調整から調整へ、無駄だらけから無駄がなくなる方向へと進みます。

　乳幼児期の保育者は、この無秩序で、未分化で、未調整で無駄が多い時期の子どもたちと日々一緒にすごしているのです。

　そのため、発達を理解していないと、子どもの行動に腹が立ち、「なんでそんなこともできないの」「ちゃんとしなさい」と叱り続けることになります。発達を理解している保育者は、子どもの行動が理解できるため怒りの感情がわきません。

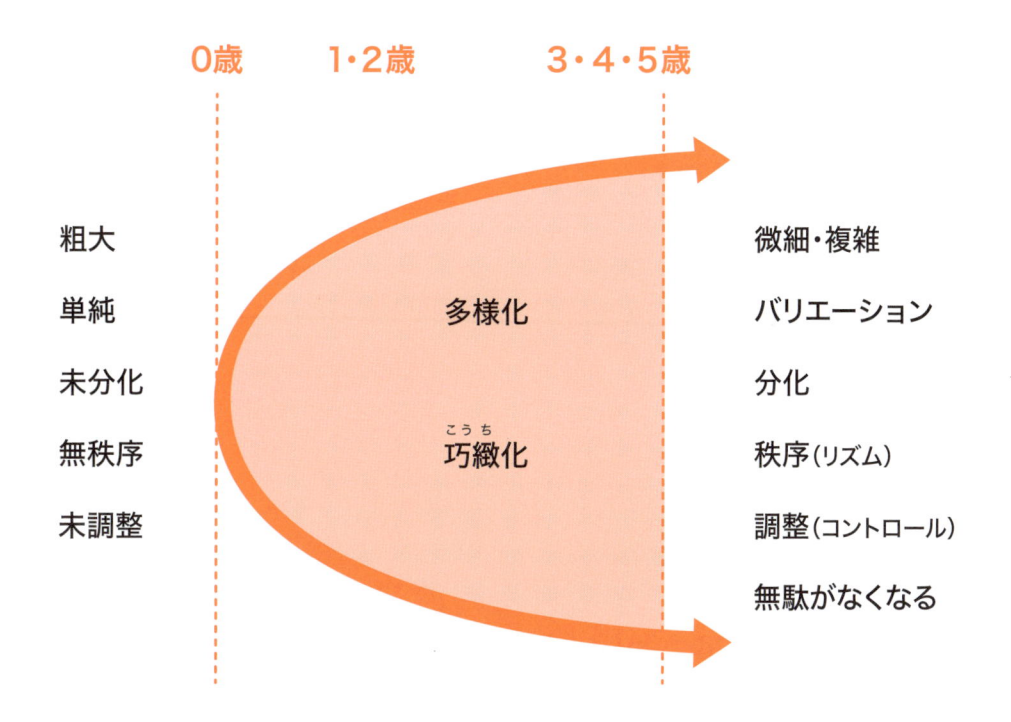

発達の方向性

2　発達をステージとしておおまかに捉える

月齢の差が大きい乳幼児期

　0歳児のクラスには、2か月の赤ちゃんから1歳11か月の赤ちゃんまでが在籍します。1歳児クラスの4月は1歳0か月から1歳11か月までの子どもがおり、1歳児クラスの3月には1歳11か月から2歳11か月までの子どもがいます。年齢別のクラス編成の場合、同じクラスに2年分の発達の違いがあることになります。

　乳幼児の発達の違いは、低年齢であるほど月齢による差が大きくなります。たとえば、6歳7か月の幼児と6歳11か月の幼児は似ていますが、7か月の赤ちゃんと11か月の赤ちゃんは、全く異なる発達段階にいます。

　子どもの年齢が低いクラスの保育者ほど、発達を細やかに理解することが必要です。

発達には大きく変わる時期がある

　乳幼児は日々発達していますが、まるでステージが変わるかのように大きく変化する時期があります。右ページのように、それぞれの発達のステージの特徴を頭においておくと、一人ひとりの子どもの姿を捉えやすくなります。

　それぞれのステージのおおまかな特徴を示します。

　第1ステージは、0〜7か月頃で、大人からの働きかけに応える時期です。

　第2ステージは、8か月〜1歳前半頃で、環境を探索する時期です。

　第3ステージは、1歳後半〜3歳前半頃で、自我が拡大し自分の遊びが生まれる時期です。

　第4ステージは、3歳後半〜5歳頃で、対象に合わせた調整機能が高まる時期です。

　第5ステージは、6歳頃で、協同的な学びへと向かう時期です。

　1歳半、3歳半、6歳は、質的に大きく変わる時期です。1歳は3歳の小型ではなく、4歳は6歳の小型ではありません。

それぞれのステージにふさわしい経験

　青虫・さなぎ・蝶々のそれぞれに適した環境と必要な活動があるように、それぞれのステージにはその時期にふさわしい環境と、欠かせない経験があります。

　右ページの表に、おおまかにそれぞれの発達のステージをまとめました。各ステージの詳細の説明と環境づくりは、『改訂 環境構成の理論と実践』第2部 第3章を参照ください。0〜5歳児の領域別の発達と活動は『保育内容 5領域の展開』を参照ください。

発達のステージ

次の
ステージへと
続く

第**5**ステージ	6歳頃 協同的な学びへと向かう時期
第**4**ステージ	3歳後半〜5歳頃 対象に合わせた調整機能が高まる時期
第**3**ステージ	1歳後半〜3歳前半頃 自我が拡大し自分の遊びが生まれる時期
第**2**ステージ	8か月〜1歳前半頃 環境を探索する時期
第**1**ステージ	0〜7か月頃 大人からの働きかけに応える時期

	第1ステージ	第2ステージ	第3ステージ	第4ステージ
月齢	0〜7か月頃	8か月〜1歳前半頃	1歳後半〜3歳前半頃	3歳後半〜5歳頃
ステージの特徴	大人からの働きかけに応える時期	環境を探索する時期	自我が拡大し自分の遊びが生まれる時期	対象に合わせた調整機能が高まる時期
運動	仰向け等 **腰**を中心とした動き	ハイハイ等 **体幹**を中心とした動き	歩行、走る等 **粗大**な動き	スキップ等 **調整**する動き
手指操作	原始反射から手のひらが開く。腕とつながった**かたまり**としての手 手をなめる	**肩から大きく**動かす動きが中心 出す、投げる、落とす、振り回す、たたく等	**肘から**動かす対象に合わせる動き 押す、入れる、はめる、置く等	**手首**を使う。道具を使い調整する動き 丸める、描く、折る、切る、すくう等
人間関係	自他の未分化 **人への信頼の形成** 人の目を見つめ声に聞き入る	人を**信頼基地**として環境を探索 大人と関わることを好む	思い通りにならないときに感情を爆発することがある **場や相手**に合わせることが難しい 一方的に話す	大人より友達と遊ぶことを好む 場や相手に合わせることが少しずつ増える **やりとり**として会話する
認識・思考・想像力の基礎	注意の分散から、注意を向けて見る、注意を向けて聞くへ	手と全身を使って**環境を探索**する 試行錯誤を繰り返す	行って戻ることが可能になる **見立てる**、**つもり**になる **言葉**が増える	因果関係を言葉で推理する 時間、ルールの理解 内言が可能になる

※第5ステージの詳細は『改訂 環境構成の理論と実践』第2部 第3章を参照ください

3 発達を援助する原則を知る

人はゆっくり発達する

　人間は 20 年という長い年月をかけて大人になっていきます。乳幼児期は、まるで進化の過程を繰り返すかのように発達します。海水と同じ濃度の羊水のなかで 10 か月を過ごし、出生と同時に肺呼吸となり、両生類のようなずり這いから哺乳類の四つ這いの後に立ち上がり、歩き、道具を使い、言葉を話すようになります。それぞれの発達の過程で子どもが見せる行動には、意味があります。

発達は土台から積み上がっていく

　乳児は、抱かれたり、自分で身体を動かしたりすることによって身体の感覚（視覚・聴覚・触覚・バランスの感覚・筋肉の感覚等）を統合し、安定した体を獲得します。同時に、あたたかで応答的な大人の関わりによって人への信頼感をもつようになります。安定した心と身体を獲得した子どもは、人の目を見つめ、声に耳を傾け、環境へ注意を向ける力を獲得します。多様な人とのコミュニケーションと、目的をもった環境との応答的な活動によって基本的な能力を獲得すると、動かない文字にも集中し、頭の中で抽象的に思考することもできるようになります。

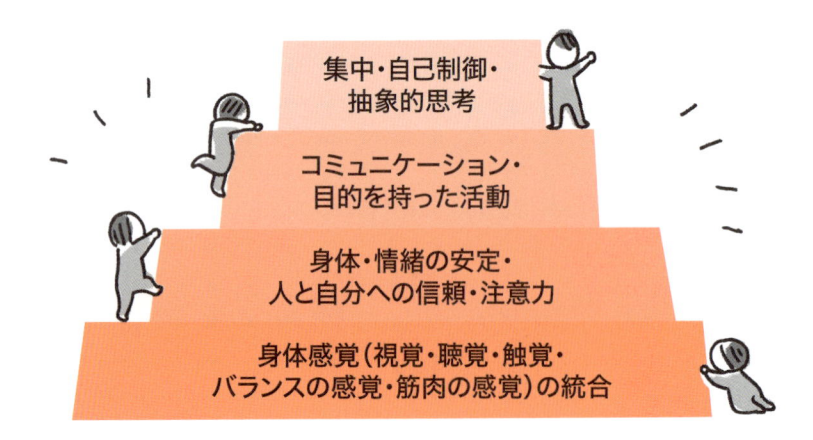

　このように発達は、一つの土台の上に次の発達が積み重なるように進みます。発達の援助は、適切な時期に、適切な内容を、適切な量で行うことが大切です。家庭の養育や保育では、発達の先取りが行われることが多くあります。たとえばハイハイしている子どもの手をとって立たせて歩く練習をさせれば、早く歩けるようになります。しかし腰が据わっていない子どもは、歩行が安定するまでに長い時間かかります。

　馬は生まれてすぐに歩けるようになりますが、人間の赤ちゃんは歩くまでに一年以上かかります。基本的な動きを身につけるまでに数年かかりますが、長くかかる分、人間は多様で緻密な動きができるようになるのです。

4 発達を細やかに理解するために

0.1.2歳児期の発達は、幼児期から学童期、そして生涯の発達の土台となります。次ページ以降の（1）～（6）では、保育者が特に理解しておきたい重要な発達と援助のポイントのみに絞り、イラストを使って解説します。

0歳から就学前までの詳細な発達と、保育の展開方法については、以下を参照ください。

① 『保育内容 5領域の展開』

10の観点から、0歳から就学前までの発達と、発達に適した活動等を紹介しています。学童期以降との教育内容の連続性と不適切な保育内容の展開について解説しています。

② 『改訂 環境構成の理論と実践』

「第2部 第3章 子どもの発達と環境構成」で発達と発達援助の原則を説明し、0歳から就学前までの発達のステージと適した環境、不適切な環境を説明しています。

③ 『改訂 保育者の関わりの理論と実践』

発達に合った保育者の関わりを解説しています。0.1.2歳児の保育者に特に必要な関わり、幼児期の保育者に特に必要な関わり、不適切な関わりを解説しています。

MEMO

（1）０歳に育つ人への信頼

人の目を見つめることが発達の原点

　生まれたばかりの赤ちゃんは、自分を取り巻く人や世界をまだ理解していません。大人が赤ちゃんの目を見つめて優しく話しかけ、心地よい世話をすることで、赤ちゃんは人の目へ注意を向けるようになります。人への信頼と注意を向ける力を獲得した赤ちゃんは、一人の信頼する大人を安心基地として、環境を探索しはじめます。探索によって様々な環境を学び、環境に合わせて運動能力、手指の操作能力、コミュニケーション能力等、様々な能力を獲得していきます。乳児期に人を信頼し、人の目や声に注意を向ける力を獲得することが、その後の様々な学習の基盤なのです。

人との信頼が育った子どもの特徴

　人との信頼関係ができた赤ちゃんには、右ページのような行動が見られます。

　よく話しかけられ、あやされている赤ちゃんは、２、３か月頃からは、しっかりと視線が合うようになります。また話しかけるとじっと耳をすませ、言葉を聞こうとする様子が見られます。人への信頼が育った５か月頃の赤ちゃんは、他人にも目が合うとにっこりと笑いかけるようになります。

　赤ちゃんの笑顔と喃語も、人への信頼が育っている証拠です。映像メディアや絵本ではなく、人にあやされているときに、コミュニケーションとして笑うかどうかが大切です。仰向けで遊ぶ４、５か月頃までは、大人からあやされると、手足をバタバタと動かして喜びを表現します。喃語を使って、大人と交代で会話のように話すことも増えるでしょう。また機嫌のよいときには、一人で喃語を長々と話す様子も見られます。

　人への信頼関係が育った子どもは、大好きな大人を安心基地として、自分の周囲を探索します。そして何か不安なことや痛みを感じると大人のもとへ戻ってくるようになります。

大人が困る行動も信頼が育った証拠

　一人の人への信頼関係ができあがると、人見知りが現れます。知らない人に話しかけられると泣き出したり、それまで泣かなかったパパやおばあちゃんの顔を見ると泣くようになることもあります。この人見知りは、一人の人との信頼関係ができた証拠であり、０歳の時期に起きることはむしろ良いことです。個人差がありますが、７か月頃からはじまり数か月で終わります。また、一人の人と信頼関係が出来上がると、10か月頃から分離不安が強まり、後追いをし、姿が見えないと大声で泣くようになります。

1 近づいたり話しかけたりすると
目を輝かせる

2 あやすと声を立てて笑う

3 喃語（なんご）がさかん

4 初めてのもの（不安を感じたもの）を
見つけると顔を見て確かめる

5 人見知りをする

6 後追い

（2）人への信頼が形成されていない０.１.２歳の子どもの行動

人への信頼が形成されていない赤ちゃんの特徴

　人への信頼が形成されていない子どもには、次のような特徴が見られます。

　まず子どもの表情は、脳の状態が現れています。脳がぐんぐんと発達している赤ちゃんは目が輝き、よく笑い、表情が豊かです。反対に脳が機能していない状態の赤ちゃんは表情が乏しく、目がどんよりしています。大人が話しかけても視線が合わない、名前を呼んでも振り向かない、話しかけても遠くを見ているような目をしているのは、周囲に対してまだ注意を向けることができていない状態です。

　大人と視線が合うのは、話しかけた人の顔だけに注意を向け、それ以外のものには注意を向けないという"フレーム"が育っている証拠です。この注意のフレームが育っていないと、その後、動作の模倣も出ず、言葉の理解も遅くなります。注意を向けることは、すべての学習の原点であり、乳児期に話しかけられた声に注意を向ける、話しかけた人の顔に注意を向けることが育っている必要があります。

歩き始めた後の行動

　保護者との信頼関係ができていない子どもは、歩き始めてから次のような行動が見られます。親の方を全くふり返ることなく遊ぶ、何か困るようなことが起きても保護者のところへ戻らない、痛みを感じるような場面でも痛がらずに保護者の元へ戻らないなどです。また１歳前後の入園で保護者と離れても全く泣かない赤ちゃんは、保護者との関係が形成されていない可能性があります。保護者が子どもによく働きかけていても、子どもに生まれつき障害があり、環境に働きかける力が弱い場合もあります。

　このような行動が見られる場合には、特定の保育者がその子どもと視線を合わせて応答的に関わります。わらべうたや赤ちゃんマッサージ等を多く行い、関わることが喜びと感じられる経験ができるようにします。子どもが人への信頼を形成する相手は、保護者でなくてもかまいません。

発達が後戻りする子ども

　それまで正常に発達していた赤ちゃんが、１歳前後に発達が突然後戻りすることがあります。たとえば、よく笑っていた赤ちゃんが無表情になる、常同行動が出るなどです。その要因としては、映像メディアの視聴、虐待、栄養の欠乏、予防接種、アルコールや薬物、入院や手術、その他の病気等が考えられています。保護者と相談して、その原因と考えられることを改善できるようにします。

人への信頼が形成されていない子どもに見られる行動

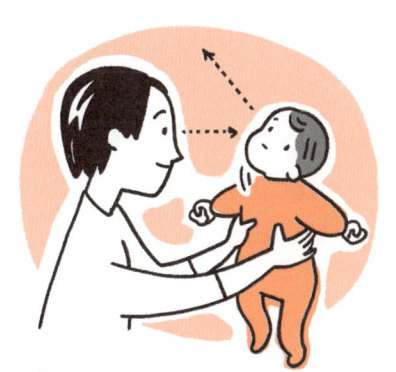

1 視線が合いにくい

2 名前を呼んでも振り向かない

3 コミュニケーションがとりにくい

4 痛がる様子がない

5 テレビの子どもは喜ぶが生の人間は怖がる

（3）0〜1歳頃に育つ運動の土台

仰向けで腰と体幹（たいかん）が育つ

　生まれたばかりの赤ちゃんはまだ自分の身体を自分の思い通りに動かすことができません。

　仰向けの時期には、腰を中心として体をしきりにねじります。寝返りができるようになると何度も寝返りを繰り返しうつぶせで腰を中心にして体をねじり回転します。最初は腕の力の方が脚よりも強いため後ろへ下がりますが、脚が下がってきて床につくようになると、前へとずり這いをするようになります。そしてずり這いから四つ這い、高這いへと体幹を安定させていきます。安定した体幹が育った子どもは、床からの立ち上がりを繰り返しバランスをとります。このように安定した腰と体幹を獲得した子どもは、歩き始めてからも安定した歩行ができます。また転んだときに手が出て大きなケガをしない体を獲得します。

早期のおすわりは運動の機会を奪う

　赤ちゃんのときに、一日中抱っこをされている、ベビーカーに乗せられる時間が長い、自分でお座りができない時期から大人にお座りの姿勢をさせられると、腰を中心とした動きを十分に経験できません。ハイハイもしないまま立ち上がった赤ちゃんは、腰も体幹も安定していません。そうするとつかまり立ちから後ろへ倒れて後頭部を打つことや、歩行が不安定でよく転ぶこと、転んだときに手が出ず顔や頭のケガをすることが起きやすくなります。子どものなかには1歳をすぎても転んだときに手が出ないことがあります。入園時には手が出るかどうか確認し、手が出ない場合は、顔にケガをする可能性があることを保護者と共有しておきましょう。腰や体幹が不安定な1歳児が入園してきたときには、床は段差や坂を多くし手を使わないと移動できない場所を増やすことや、転がる動きを促すベッドマットを置くなどの環境づくりで、0歳の運動体験を補うようにします。

あんよの練習

抱っこのしすぎ

安定した腰と体幹を育む0歳児期に必要な運動経験

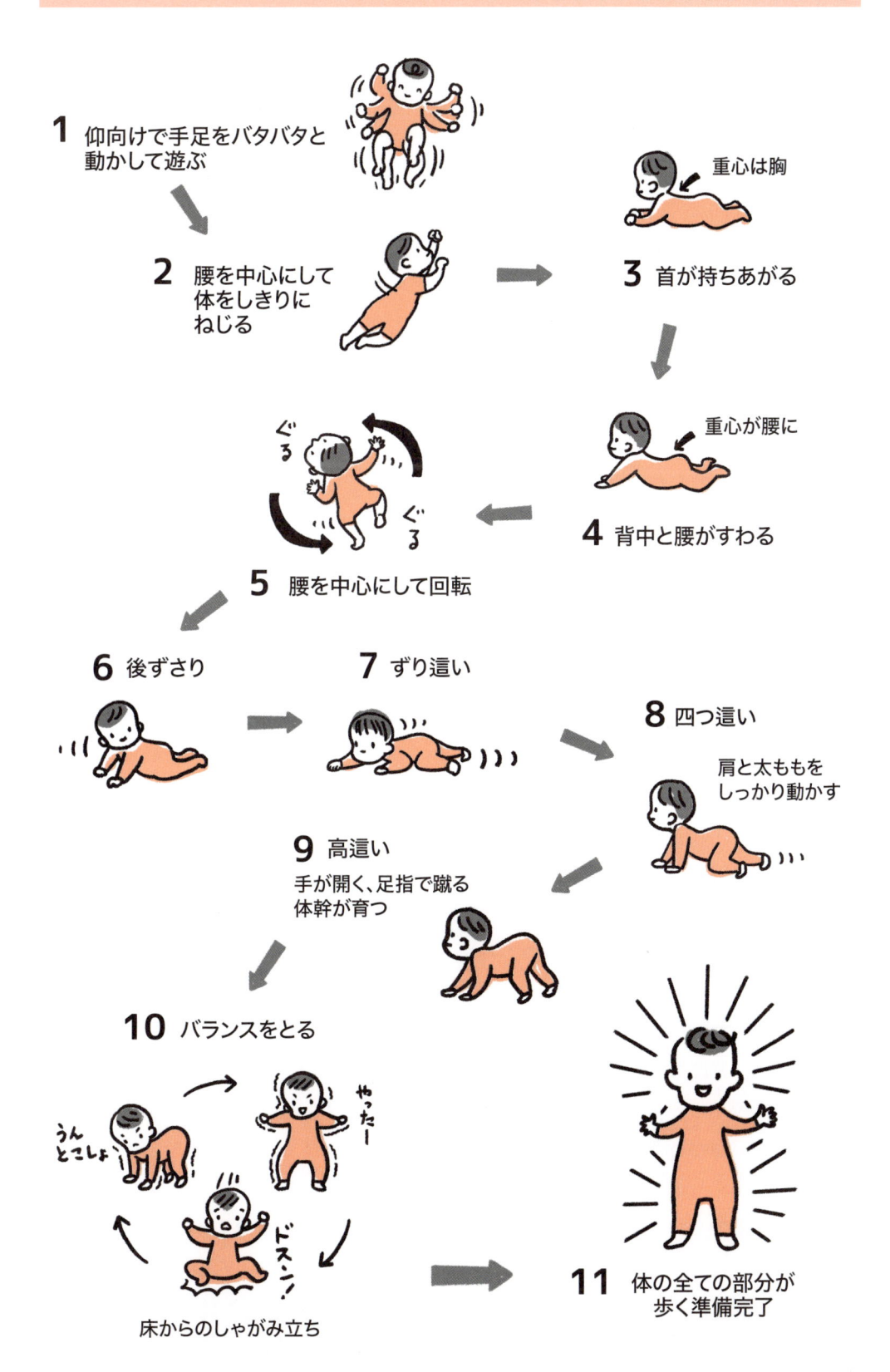

1 仰向けで手足をバタバタと動かして遊ぶ

2 腰を中心にして体をしきりにねじる

3 首が持ちあがる　重心は胸

4 背中と腰がすわる　重心が腰に

5 腰を中心にして回転　ぐるぐるぐる

6 後ずさり

7 ずり這い

8 四つ這い　肩と太ももをしっかり動かす

9 高這い　手が開く、足指で蹴る　体幹が育つ

10 バランスをとる　うんとこしょ　やったー　ドスン！　床からのしゃがみ立ち

11 体の全ての部分が歩く準備完了

（4）0〜2歳頃の手指の発達

手は数年かかって発達する

　生まれたばかりの赤ちゃんは、自分の手を認識していません。また、手や指を自分の思い通りに動かすことすらできません。赤ちゃんが自分の手を自分の思い通りに動かすためには、遊びという練習が必要です。

　新生児には、把握反射（原始反射の一つ）が残っており、手に何かを持たせるとギュッと手を握り手にしたものをつかみます。よくあやされ、脳が発達してくると把握反射が消え、起きているときには手が開いていることが増えてきます。

　2か月頃になると、自分の手を目の前にかざしては動かし（これは何だろう）という顔をします。自分の手を口の中に入れなめてはながめることを繰り返します。この時期、赤ちゃんは玩具を見せられても手を出せません。自分の指先まで神経が行き届くことで、物に向かって手を出し、つかみ、物を手放すことができるようになるのです。人間は、物を手放すたったこれだけのことに10か月以上かかります。

初めは腕を大きく動かすことから

　はじめは、目の前の物に手を伸ばすときにも、腕の付け根から大きく腕を動かします。そして十分に上腕（じょうわん）が発達すると、肘（ひじ）を起点にして腕を動かすようになります。そしてもっと発達すると手首だけを動かすようになります。子どもは体を動かして自分の身体（むだ）を発達させます。発達すると無駄な動きが少しずつ減っていくのです。

　0、1歳は、筋肉の感覚を学習するためにも粗大な動きを欲しています。机をバンバンたたいたり、柵（さく）をもってガタガタと力いっぱい動かしたり、机の上にある物を下へ落としたり、腕を大きく動かして玩具を振り回したり後ろへ投げたりします。これは、粗大な動きを繰り返すことで腕の筋肉の感覚を学習しているのです。この時期、保育室には、腕を使って高いところへ登る環境や、重い物を押す、ひっぱる、投げる・振り回すことができるような環境をつくります。

手のひら全体から指先へ

　玩具の遊び方にも操作の発達が現れます。たとえば重ねカップのような玩具の場合、最初は保育者が積み重ねたものを手のひら全体を使って倒すことを楽しみます。倒れたカップを追いかけたり、投げたり、なめたりします。まだ積み上げることや重ねることに興味がありません。カップを手の全体でつかむようにしてもっていたのが、親指と人差し指でもつようになります。大きなカップの中に小さなカップを入れることができるようになったのは、物を手放すことができるようになった姿です。カップの大きさを理解し定位（ていい）できるようになると、カップを積み上げるようになります。

手指の操作が発達するみちすじ

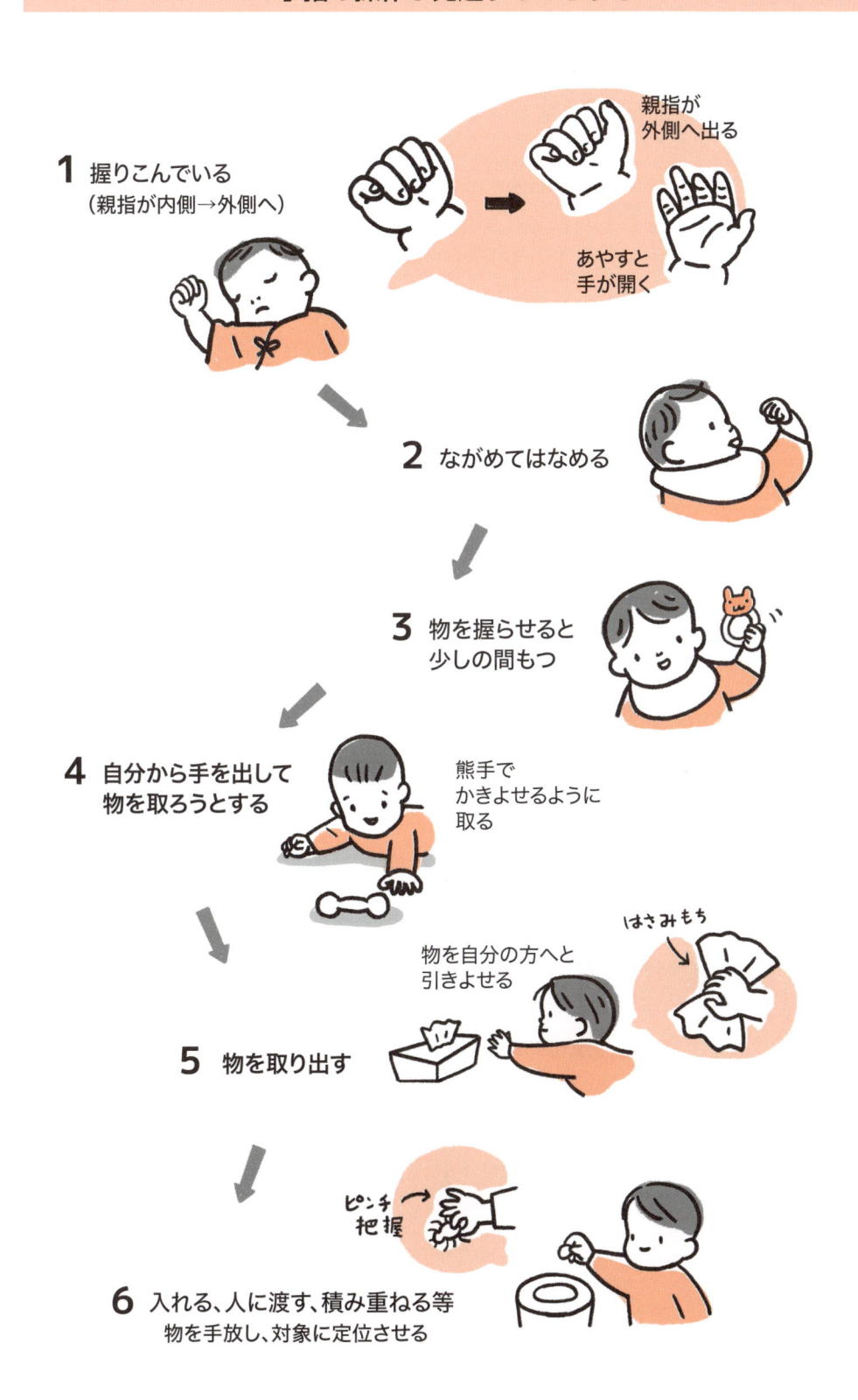

1 握りこんでいる
（親指が内側→外側へ）

親指が
外側へ出る

あやすと
手が開く

2 ながめてはなめる

3 物を握らせると
少しの間もつ

4 自分から手を出して
物を取ろうとする

熊手で
かきよせるように
取る

物を自分の方へと
引きよせる

はさみもち

5 物を取り出す

ピンチ→
把握

6 入れる、人に渡す、積み重ねる等
物を手放し、対象に定位させる

（5）0～1歳頃に育つ言葉の土台

大人に話しかけられる

　仰向けで寝ている赤ちゃんに目を合わせて優しく話しかける、これが言葉の習得の原点をつくります。

　生まれたその日から、大人は赤ちゃんに話しかけましょう。ここはどこで、今から何をするのか、オムツを換える、ミルクを飲む、着替えをする、その都度赤ちゃんに説明をします。そうすることで、赤ちゃんはミルクという「言葉」とミルクを飲む「体験」を結びつけることができるようになります。

　大人は、状況を言葉で説明すると同時に、「大きなイヌがいるね」のように子どもが興味をもっているものに対して話す、「眠いね」「こわかったね」のように子どもの気持ちを言葉にする、「パチパチパチ」のように子どもの行動や遊びに音をつけるなどして、子どもの言葉の習得を促します。

言葉を理解する

　よく話しかけられた赤ちゃんは、10か月頃には多くの言葉を理解するようになります。まだ言葉は話せませんが、大人が見ているものを見る、指差しで自分の見つけたものを指さす、「ちょうだい」というと玩具を手渡すなど、コミュニケーションがとりやすくなるでしょう。非言語でコミュニケーションできることが、言葉でのコミュニケーションの前提です。

発声や発音の練習をする

　様々な物をなめて舌を動かすことや、声を立てて笑うこと、一人で様々な声や音を出して楽しむことも発声や発音の練習です。

　幼児期の終わりまでの育てたい話し言葉には、(1) 感情を表出し、感情や行動をコントロールする言葉、(2)コミュニケーションの言葉、(3) 概念や認識をもち思考するための言葉があります。遊びが幼児教育になるためには、保育者が上記のような豊かな言葉を使うことが欠かせません。

　幼児期の終わりまでに育てたい言葉は、『改訂　保育者の関わりの理論と実践』、子どもの言葉を育む乳幼児期の関わり方の詳細は、『脳を育む親子の会話レシピ』を参照ください。

子どもの言葉が育つ道すじ

1 目を見つめる、声に耳を傾ける

2 言葉を繰り返し聞く

ミルクよー

3 理解している言葉が増える

4 指差された方向を見る

バイバーイ

5 大人の真似をする

ちょうだい　どうぞー

6 大人とやりとりする

7 指を指して大人の顔を見る

ワンワン？

8 一語文が出る

9 二語文→三語文
「ワンワンきた」→「おおきい ワンワン いる」

（6）発達に伴う絵の変化

絵には身体の育ちが現れる

　子どもが描く絵からは、体や認識の育ちを推測することができます。

　線の太さやなめらかさには子どもの体の育ちが現れます。たとえば、1歳頃の腕の付け根から大きく動かす時期には、紙を破りそうな勢いのある点々や、画用紙からはみ出す横へ大きく広がる往復の線等が見られます。2歳頃、腕を肘から動かすようになるとグルグル丸へと変化していきます。3歳半をこえる頃、手首を動かすようになると閉じた丸を描くようになります。体幹や手首が安定すると細やかな描写もできるようになります。

絵には認識の育ちが現れる

　描画には、その子どもの認識の育ちも現れます。子どもは丸を人や動物に見立てて、家族や友達の絵を描くようになります。人の描写は、丸だけから、目や手足のついた「頭足人」へと変化します。次第に手足が太くなり、髪の毛や洋服も描くようになります。4歳以降は知識欲が高まり、細かな形の違いにも興味をもちます。絵の中には「カタログ表現」と呼ばれる様々な物をカタログのように並べる描写が出てきます。上下を意識するようになると、絵の上部には太陽や雲が描かれ、大地を示す基底線が描かれます。他にも、まるで透けて見えているかのように描く「レントゲン表現」もあります。6歳頃には「エルマーの冒険」のような絵のないお話を聞いて想像して絵を描くようになります。

絵を描こうとしない子どももいる

　知的な能力が高くても上記のような絵を描こうとしない子もいます。絵はわかりやすいため「この子はきっとこうだ」と決めつけないことも大切です。

　このような乳幼児の絵と子どもの育ち、保育との関係を探究したのが斉藤公子です。斉藤は保育の実践者であり全国各地へ自らの保育実践を広げました。その園の保育を指導する際には、子どもたちの絵を並べ、それらの絵からそのクラスの保育の課題を指摘しました。ここで紹介した知見には、斉藤公子の実践者としての研究が多く含まれています。

発達による絵の変化

1 点てん

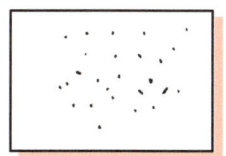

クレヨンやマジックをなめる。点てんや縦線が見られる。

2 横への往復

粗大な動きが増える。肩から腕を動かす。なんでも投げたがる。紙からはみ出して描く。

3 ぐるぐる丸

ひじから動かせるようになる。にぎる力がつく。手のコントロール力がついてくる。

4 丸が閉じる

目と手を協応が育ち始めることで、丸が閉じる。

5 丸がいっぱい

丸は「絵の笑顔」と呼ばれる。丸を人やものに見立てて描く。

6 頭足人

胴体よりも手足を意識する。

7 カタログ期

見た物や体験したことを時間軸をこえて描く。子どもの中では話がつながっている。

8 認識を表現

意識をすると指を描く

基底線

レントゲン表現

▶演習４　保護者に誤解されやすい乳幼児期の行動を解説する

　表の左「誤解されやすい姿とその年齢」の欄は、発達がわからない保護者が、子どもの行動を止めたり、叱ったり、心配したりしがちな行動の例です。乳幼児期にみられる発達上の自然な行動ですが、大人には問題行動として誤解されることがあります。

　表の右「保護者への解説」の欄に、保護者に向けた解説を書きましょう。会話をするつもりで、話し言葉で書き、わからない行動は、書籍やインターネットで調べます。

誤解されやすい姿とその年齢	保護者への解説（話し言葉で書いてみましょう）
２か月頃　自分の手をながめる、体をそらせる	保護者「自分の手をながめています。体もそらせます。自閉症ではないでしょうか」
７〜10か月頃　人見知りをする	保護者「他の人に話しかけられると泣くのですが、私の育て方が悪いからでしょうか」
10か月頃から　物を投げる	保護者「物をなんでも投げてしまいます。注意してもききません」

書き終わったら、ペアまたはグループでそれぞれの解説を紹介しあいましょう。

最後にこの演習を行ってみて気づいた点を一言ずつ話しましょう。

誤解されやすい姿とその年齢	保護者への解説（話し言葉で書いてみましょう）
1歳半頃　ずっと動き回っている	保護者「落ち着きがなく集中して遊ぶことができません」
2歳頃　ひとり言を言いながら遊ぶ	保護者「ずっと一人で何かしゃべっているのですが大丈夫でしょうか」
3歳頃　玩具を貸さない	保護者「人におもちゃを絶対に貸しません。わがままな子になるのではないかと心配です」
5歳頃　暗闇やおばけをとても怖がる	保護者「おばけなどをとても怖がります。こんなに弱虫で大丈夫でしょうか」

第14章

知識を実践へ
活用する際の留意点

1 第２部の知見について

知見を取り上げた理由

　第２部のここまで、子どもの認知（見え方、聞こえ方等、環境の認識の仕方）、感情、行動等に影響を与える可能性が高いと考えられている知見を取り上げました。

　第２部で取り上げた知見は、三つの観点から選びました。一つ目は、子どもの情緒や行動に与える影響が大きい要因です。たとえば乳児にお酒を飲ませれば脳に障害が残るなど甚大な影響があります。二つ目は、保育者が改善しやすい要因です。保育者は、子どもの家の広さや地域の遊び場の少なさを変えることはできませんが、保育室や保育者の関わり方を変えることができます。三つ目は、テレビや保育雑誌では取り上げることが少なく、保育者が目にすることが少ない要因です。たとえば映像メディアの影響がテレビ番組で取り上げられることはありません。

研究成果は絶対ではない

　本書は、「保育者が子どもを把握し理解すること」を目的としています。そのために、営利目的の研究や子どもに害を及ぼす可能性のある研究成果はさけ、新しい知見であっても子どもに影響を及ぼす可能性が高い研究は紹介しました。

　人間に関して科学的に証明されていることはごくわずかです。科学的な知見はあくまでも「仮説」にすぎず、現在正しいと考えられている知見が、将来誤りだとわかることもあり、その逆も起こりえます。

　また「科学的」とか「研究では」と主張される知見のなかには、いわゆる"紐付き"と言われる研究もあります。企業や団体の利益を目的に、企業から委託を受けた研究者が、企業や団体に有利な研究を発表することです。

研究成果が当てはまらない子どももいる

科学は、客観的に再現可能な共通了解（りょうかい）を見出すものですが、子どもたちは個別性が高く、研究成果はすべての子どもに当てはまるわけではありません。ある科学的な研究成果がそのまま当てはまる子どももいれば、全く当てはまらない子どももいます。

保育者は、現場の最前線で子どもを援助しています。保育の実践では、科学的な根拠に基づくことを原則にしながらも、科学では明らかになっていない、明らかにしにくいことに対しても決断しなければなりません。

2 妥当（だとう）な根拠を論理的に活用する

論理性に問題がある三つの主張

保育者が研究成果を実践に活かすためには、論理性が欠かせません。次の三つは、保育実践に関する主張とその根拠を示した例ですが、どれも主張を支える根拠が不十分です。

・主張1 「英語教育を幼児期から行うべきだ」
　　　　　根拠 「私は幼稚園の英語教室で英語に興味をもったから」
・主張2 「新生児は縦抱きにすることが望ましい」
　　　　　根拠 「本にそう書いてあったから」
・主張3 「0歳児クラスは赤と黒の壁にすべきだ」
　　　　　根拠 「研究では、乳児はコントラストの強い色に惹（ひ）かれるから」

主張1は、自分の経験のみを根拠にしています。自分の経験は必ずしも他者に当てはまるとは限りません。主張2は、根拠となる本の情報が誤っている可能性があります。テレビ、インターネット、本のいずれも情報が正しいとは限りません。主張3は、研究成果を根拠としているため、一見正しいかのように感じられます。しかしこれは研究成果を応用する段階で誤りが生じています。「乳児はコントラストの強い刺激を志向する」という研究は正しくても、「乳児の保育室は赤と黒の壁にする」根拠とするためには、「赤と黒の壁で育つことは、子どもの育ちによい成果がある」という別の研究成果が必要です。子どもが好む、喜ぶものが必ずしも子どもの育ちにとって良いとは限りません。

保育者の知識と経験をよい実践につなげるためには、幅広く情報を収集して情報の真偽（しんぎ）を見極め、思い込みや情報に振り回されないようにすることが大切です。

3 これまでにない新しい課題が生じたとき

　科学技術が著しく発展する社会では、乳幼児の現場には日々新しい育児用品や育児の方法がもち込まれ、過去に体験したことがない新しい課題が生じます。子どもを守る立場にある保育者は、新しい知見を学びながらも、研究では明らかになっていないことに対しても判断を迫られる場合があります。

問題に最も早く気づくのは現場の人間

　工場排水が原因で起きた水俣病がまだ誰にも知られていないとき、最も早く問題に気づいたのは、魚の異変を見た漁師でした。同様に保育者は子どもたちに起きる問題に最も早く気づく立場にあります。

　また、子どもに影響を与える問題には、一万人に一人の子どもしか影響を受けない問題もあります。しかしその一万人に一人の子どもと共に苦しむのが現場にいる保育者です。水俣病を含め過去の公害では、専門家が「科学的に証明されていない」と主張することによって対応が遅れ、被害者が増えた事例が複数ありました。しかし、問題に対して意見を述べるだけの立場とは違い、保育者は日々行動の選択を迫られ、とった行動の責任を負う立場にあります[1]。

子どもに関することは予防原則で

　国際的な環境問題への対応では、環境に重大かつ不可逆的な損害の恐れがある場合には、科学的に因果関係が十分証明されない状況でも、規制措置を可能にする「予防原則」という考え方があります[2]。環境に甚大な影響を与えてしまった後に「やはりこれが原因だった」と科学的に証明されても、その環境破壊は取り戻すことができないからです。

　子どもたちの健康もまた取り戻すことができません。保育者は、科学的な根拠に基づくことを原則にしながらも、科学では明らかになっていないことに対しても決断しなければならないのです。

---

(1) たとえば、災害時には保育者は瞬時に子どもを守る行動をとりますが、判断を誤った際に責任を負うのは現場です。
(2) 井田徹治『有害化学物質の話：農薬からプラスチックまで』PHP研究所、2013
(3) 目的と状況に合わせて実践するという考え方は、西條剛央の構造構成主義による。池田清彦、西條剛央『科学の剣哲学の魔法：構造主義科学論から構造構成主義への継承』北大路書房、2006

4 知識は子どもの幸福のために使う

知識の多い人の留意点

　専門知識が増えると、子どもがよく見え適切な援助ができる反面、「あの子はこれが原因ではないか」と決めつけたくなることや、「絶対に〜をすべきである」「〜はしてはならない」と過度（かど）に制限することや、保護者に「お母さん、○○はダメですよ」と指導したくなることもあるでしょう。

知識は柔軟に使う

　本書は、保育の実践者が子どもを把握し理解するために必要な知識を提供することを目的としています。

　保育者の皆さんには、子どもの最善の利益を守る福祉と教育の専門職として、第2部の知見の取扱いには注意して、あくまでも子どもの幸福のために活用をお願いしたいと思います。そして、自分はまだその子どもを十分に理解できていないという謙虚な姿勢をもち続けながら、目的（子どもの幸福と育ちを支える）と状況（子ども、園、保護者等）に合わせて、柔軟に試行錯誤（しこうさくご）を重ねていただきたいと願っています[3]。

知識を活用する際の留意点

相手を変えるためではなく、自分のまなざしを変えるために使う

決めつけるためではなく、子どもの可能性を信じるために使う

**子どもと保護者と自分が
より幸せになるために活用**

保護者を指導するためでなく、一緒に考えるために使う

多様な働きかけの方法を発見するために使う

原因は複数、当てはまる＝それが原因と思い込まない

▶演習5　子どもの姿の背景を
　　　　　できるだけ多く想定する

第2部の読み方

　第2部を園で読む方法は次の通りです。

　各クラスやチームで、2人から4人のグループをつくります。午睡の時間等に一つの項目を交代しながら読みます。読む人はグループの相手の身体に届く声で内容が伝わりやすいように読みます。聞く人は、同感、違和感、疑問点、気づきなどに印をつけたり付箋紙をつけたりしながら内容と対話するように聞きます。1章分を読み終わったら、それぞれの感想と疑問点を聴き合います。

　1つの章は15分から20分で意見交換までできます。もっと知りたい点がある人は、巻末の参考資料やインターネットで調べてみましょう。多忙な保育者もこのような方法で読み進めると、数か月で第2部を読み終えることができるでしょう。

演習の仕方

第2部を読み終えたら、以下の演習を行います。

1. 第2部に説明された子どもの感情・行動・認知に影響を及ぼす可能性がある要因を参照しながら、まずは一人で右ページの①〜③の子ども（一つに絞ってもよい）の行動の背景を、できるだけ多く想定してみましょう。この演習は、できるだけ多くの要因を推察することが目的です。正解はありません。

2. 互いに推察した内容を、ペアやグループで共有しましょう。お互いに質問し合って、そう考えた理由や体験などを話しましょう。

3. 最後に、この演習を行って気づいた点と考えた点を一言ずつ話しましょう。

子どもの姿	背景として考えられる要因
①朝からボーっとしていて、表情が乏しい3歳の子ども	
②一か所に留まって遊ぶことがなく、室内を動き回る4歳の子ども	
③友達がそばに来ると押したりたたいたりする2歳の子ども	

第3部

把握と理解に基づく
保育と保護者支援への展開

第15章

子どもの把握と理解に基づく展開の原則

1　指針や要領に示される展開の原則

展開の原則とは何か

　保育者が子どもの育ちを援助する際の原則は、「保育所保育指針」や「幼稚園教育要領」等に示されています。それは、次の通りです。

　①教育と情緒の安定や生命の保持といった養護を一体的に行うこと
　②一人一人の発達過程に応じて保育を行うこと
　③子どもが自発的・意欲的に関わる環境を構成し、子どもの主体的な活動や子ども
　　相互の関わりを大切にすること
　④乳幼児期にふさわしい体験が得られるように生活や遊びを通して総合的に保育す
　　ること

乳幼児期にふさわしい活動へと展開する

　このような「指針」や「要領」に則った保育を実践する園は、残念ながら一部です。とくに②の発達過程に応じた保育は難しく、小学校の先取り教育や、発達に合わない超早期教育を行っている園もあります。それは、目の前の子どもを把握することを行わず、初めに園の行事や教育内容ありきで保育を行っているためと考えられます。園の行事や教育内容を優先する保育は、指針や要領に示される保育とは異なるものです。また③や④のような展開方法ではなく、保育者が指示を出して子どもに望ましい活動をさせることが中心の園も多く残っています。

　子どもは、自発的な活動が促される場では、自分の発達に合った活動を選択します。また意図的な環境構成があることで、子どもの学びは促されます。保育者は、指針や要領に示される原則に則り、乳幼児期にふさわしい活動へと展開する必要があります。

誰も置き去りにしない保育方法を前提とする

　子どもの能力には元々多様性があります。保育の場は、多様な能力や文化の背景をもつ子どもたちが集団で生活する場です。そのため多様性を尊重し、誰も置き去りにしない保育の方法を選択するようにします。

　一斉の活動が中心の保育では、行動や理解に時間がかかる子どもは常に「自分は上手くできない」と不全感を感じます。主体的な活動を中心とした保育では、障害があることや、月齢の差が問題になりません。

　乳幼児期は人格の土台をつくる時期です。どの子どもも自分は愛されている、上手くできると感じることができる保育を前提にします。

多様性を前提とした環境構成と関わり

　保育室は多様性に配慮し、日本語が母語でなくても、言葉を聞き取ることが難しい子どもでも、目で見てわかりやすい環境をつくるようにします。

　子どもは、視覚や聴覚の感覚にも違いがあります。視覚刺激に敏感な子どものためには、保育室内も園庭も自然界に近い色や光刺激にして室内を自然の環境に近づけます。色覚にも多様性があります。色覚が異なる子どもは、ピンクと水色の区別や、赤と緑の区別が難しいものです。名札やクラスカラーは、どの子どもにもわかりやすい組み合わせにしたり、色だけで判断するものを減らしたりすれば、どの子どもにもわかりやすい環境づくりができます。音環境も騒音に弱い子どもに配慮し、子どもの学びに適した音環境を意識します。

　このような環境をつくったうえで保育者はわかりやすい言葉と表情で子どもと関わります。何かを説明する際は、視覚的な補助を使うようにします。

MEMO

2 子どもを信じる

どんな子どもも信じられるのは専門性

　保育者の最も重要な役割は、子どもをかわいがることです。どのような子どもにもあたたかなまなざしを向け、かわいがることは、保育の専門性に基づく行動です。ニコニコ笑うかわいい赤ちゃんには、誰もが笑顔を向けることができます。しかし「クソババア！」と保育者に怒鳴る年長児をかわいがることは、専門性に基づく行為です。

把握すれば見方が変わる

　「問題の子ども」と思っていた子どもも、状況をよく把握すると、家庭に様々な事情があることがわかり、「そんな状況でほんとうによく頑張っているね」と抱きしめたくなるかもしれません。保育者がその子どもを「問題の子ども」と見ているか、「厳しい家庭環境のなかで精一杯頑張っている子ども」と見ているか、保育者の根底のまなざしが子どもには伝わります。子どもは保育者のまなざしに敏感です。

まなざしが伝わり、子どもが変わる

　乳幼児の場合、保育者の気持ちは、言葉や表情を伴うことで伝わります。保育者がいつも怖い顔をしていて乱暴な言葉を子どもに投げつけていれば、子どもは「先生は自分のことが嫌いで自分は悪い子である」と感じてしまいます。子どもには、口角のしっかりと上がった笑顔と、あたたかな言葉で愛情を伝える必要があります。子どもを抱きしめることや、生活の仕方をていねいに教えることも、子どもへの関心を伝える行為です。保育者は、子どもがトラブルを起こした時のみ駆け寄っていくのではなく、遊んでいるときにあたたかな表情や言葉で愛情と関心を伝えるようにします。

まなざしが子どもに伝わる

3 子どもの力を引き出す

子ども自身が心や体に注意を向けられるようにする

　保育者が子どもの活動を援助する際には、子どもが自分自身の体や声、気持ちに注意を向けられるように配慮します。

　子どもが自分自身の状態を感じることができるためには、大声で話すよりも静かに話すようにします。また「きちんと」「がんばれ」といった抽象的な指示よりも、「そっと声を出してみよう」「腕を大きくふってみよう」のように具体的な行動を伝えます。動きの援助では「ブンブン」「ピョーン」といった擬音や、イメージ表現を使うことも効果的です。

子どもの力を引き出すポイント

　身体へアプローチすることによって障害の療育を行うアネット・バニエルは、子どもの力を引き出すために、大人が子どもの動きや内面に注意を向けて、ゆっくりとかすかな力で、イメージをもちながら療育を行うことをポイントとして挙げています。同様に、幼児の療育で子どもの著しい発達を促す今井寿美枝も、療育のポイントとして「保育者の笑顔」を挙げています。

　障害があってもなくても、子どもが柔らかに全身を動かし、笑顔があふれる楽しい活動のなかで人とのつながりとその喜びを感じるときに、子どもの力は発揮され、脳と身体との新しいつながりが生まれ、大きな変化が生じると考えられます。

活動の強制と頑張らせることは逆効果

　活動を強制することや頑張らせることは、子どもの力を引き出す上では逆効果です。アネット・バニエルは、「不安、恐れ、痛み、そして疲れは、子どもの『学びのスイッチ』をオフにする」と表現します。子どもの学びのスイッチがオフになるとき、体は硬く、顔の表情は緊張しています。できないことを訓練させられた経験がある子どもは、自分は失敗するという経験を積み、学ぶことに怖れを抱いてしまうことがあります。活動の強制は、発達や学習とは反対の効果をもたらします [1]。

　日本の教育では、未だに子どもに頑張らせることに重点をおく教育が盛んです。しかし時代は戦時中でも昭和の高度成長期でもありません。保育者は子どもの豊かな感性、意欲と好奇心と思いやりに満ちた心、柔軟な体と思考を育む保育の場をつくり、それらを育む関わり方へと自らを変える必要があります。

---

(1) アナット・バニエル 他『限界を超える子どもたち：脳・身体・障害への新たなアプローチ』太郎次郎社エディックス、2018

困りごとは子どもと共有する

　保育者が悩むこと、困ることは、まずは子どもと共有します。たとえば子どもが寝不足の場合には保護者にアドバイスをする前に子どもに情報を伝え、子どもと一緒に考えることができます。

　幼児クラスの場合には、子どものケガや片付けの方法、生活時間などの困りごとがあるときには保育者だけで解決しようとする必要はありません。子どもたちに、正直に保育者の困り感を伝え、子どもたちと一緒によい解決方法を探してみましょう。

子どもが自分のケアを自分でできるようにする

　保護者の状況によっては、保護者が子どものケアを十分にできないこともあります。その場合、乳児であれば園でケアをカバーし、幼児であれば子ども自身が自分のケアをできるように援助します。たとえば、子ども自身が朝の持ち物の準備や、髪の毛や衣服を整える方法を身につけることができるように具体的に教えます。

　マリア・モンテッソーリは、貧困家庭の子どもたちが身の回りのことを自分でできるようになるために様々な生活教具を開発しました。家庭が厳しい状況であっても、園でモンテッソーリの教具等を活用して自立を促し、子どもの自信につなげることもできるでしょう。

“スルースキル”も大事なスキル

　子どもへの思いが強く、よく子どもを見ている保育者ほど、子どもの行動が気になってしまうことがあるかもしれません。しかし欠点が何もない人間はいません。保育者が「この子は好き嫌いが多い」「この子は昼寝をしない」と意識すればするほど、子どもがこだわりをもつ可能性があります。子どもの欠点や苦手なことには目を向けない“スルースキル”も大切です。

4 自分の理解を子どもに確かめる

子どもを把握できない段階

　保育者の子どもの理解には、いくつかの段階があります。

　最初は、子どもを理解しようという気持ちがなく、一方的に保育者の指示通りに子どもを動そうとする段階です。たとえば1歳児クラスでも、一人ひとりの子どもの排せつの欲求を把握することなく、一斉にトイレに行かせることに迷いがありません。この段階の保育者は、子どもを把握する必要がありません。

　二番目は、子どもを理解したいという気持ちがあっても、保育者が子どもに何かをさせることに忙しく、子どもをよく見ることや話を聞くことが難しい段階です。保育者が子どもに声をかけることや世話をすることで精一杯であり、保育者自身が困っている段階です。

自分の理解があっているか子どもに確かめる段階

　三番目は、子どもと関わりながら子どもの言葉や表情をよく見て、言葉をよく聞こうとする段階です。物的環境や、時間の環境が整い、子どもが主体的に活動するようになると、この段階に至りやすくなります。

　四番目は、自分の理解を子どもに確かめる段階です。自分なりに解釈した子どもの理解を子どもに伝え、それが合っているのか子どもに確かめます。「○○だったのかな」と、自分が理解した子どもの気持ちを言葉にして返し、やりとりをしながら子どもの気持ちや意図を理解しようとします。そして自分の理解が間違っていればそれを修正します。子どもの気持ちがわからない時には「わからなくてごめんね」と伝えます。保育者が理解をしようと試行錯誤していると、子どもは、自分が大切にされていることを感じるでしょう。保育者が子どもを、一人の人格として尊重している段階です。

保育者が自分の理解を子どもに確かめる言葉の例

「何かをするつもりだったのかな」
「うらやましくなっちゃったかな」
「自分で片付けようと思ったんだね」
「先生が○○ちゃんのお話をちゃんと聞かなかったから怒ったんだね」
（ひっぱって転ばせた子に）「いっしょにしようだったのかな」
「急にとられてびっくりしたんだね」

※詳しくは『改訂 保育者の関わりの理論と実践』郁洋舎、2020、p.65, 66 他

5 葛藤やつまづきの体験を大切にする

子どもに必要な苦しみと不必要な苦しみ

　乳幼児期の子どもは、何度も転び体をぶつけ、痛みを感じながら自分の身を守る術を身につけます。また、他者とのぶつかり合いを経験しながら、子どもは人と関わる力を習得します。これらは子どもの育ちに必要な苦しみです。健やかな体と心を育むために、葛藤やつまづきの体験は、乳幼児期に欠かせない体験といえます。

　保育者は、子どもが泣いたり苦しんだりしているとつらく感じます。しかし、子どもが育つためにはネガティブな感情を表出することは欠かせません。保育者の仕事は、子どもがネガティブな感情を十分に表出できるような環境をつくることと、うまく表現できるように援助することです。

　保育者は、子どもが全員ニコニコして、ケンカがまったくない、誰も泣かないような保育をめざす必要はありません。

子どもの育ちに必要な経験

赤ちゃんが泣く

感情を爆発させる

けんかをする

挑戦・葛藤する

小さなケガをする

子どもが体験する必要のある苦しみ

　保育者は、子どもには必要な苦しみと不必要な苦しみがあることを理解して、不必要な苦しみは減らすようにします。

　子どもの育ちに必要な苦しみは、人や物と関わるときに自然に生じます。遊びを中心としている園では他の子どもから玩具をとられる、一人で遊びたいのに「入れて」と言われる、挑戦したい遊具を達成できないなど、葛藤やつまづきを体験します。また、人に誤解されたり誤解したりもします。

　子どもは、自分のニーズを適切な形で表現する方法と、誤解や考えの違いをどう乗り越えるかを学んでいくのです。

保育者が減らす必要のある苦しみ

　一方で、子どもにとって不必要であり、できるだけ保育者が減らす必要のある苦しみもあります。たとえば、保育者が子ども同士を比較するなどの不適切な関わりをするために子どもが受ける苦しみや、人数に対して少なすぎる玩具を取り合いする苦しみなど、保育者や保育の場に原因があることはできるだけ減らすようにします。

MEMO

第 16 章

子どもの育ちを
保育で支える

1　保育者は子どもの育ちと幸福を総合的に援助する

保育者は遊び・生活・その他の活動の場面で援助を行う

　保育者は園での生活全体を通して、子どもの育ちと日々の幸福を援助しています。

　保育者の援助は、遊びの場面の他に、食事や排せつ、着替え、午睡等の生活の場面、そして、集まりや歌を歌うなどのその他の活動の場面でも行われています。年齢が低いほど授乳やオムツの交換など生活の場面での援助が多く、就学が近づくにつれて遊びの場面やその他の活動場面での援助が中心となります。

保育者は子どもの心理・生理・器質（形質）に働きかける

　保育者は、子どもの心だけを援助するわけではありません。保育者は、まず子どもの睡眠や食事、運動といった生理的な充足を日々援助しています。たとえば、お腹が空いて泣く赤ちゃんには、あやすという心理面の援助ではなく、ミルクを飲ませるという生理的な面を援助します。また保育者は、器質的（形質的）な面も把握して援助を行います。たとえば、奥歯が生えていない子どもには、ほめたり励ましたりして飲み込ませる心理的な援助ではなく、その器質（形質）面に合った形状の離乳食を食べさせる方法をとります。

保育者の援助方法は言葉による関わりだけではない

　保育者は、総合的なアプローチを使います。保育者が行う援助は、言葉・表情・身体による関わりと見守りの他に、生理的欲求の充足、保健、時間の配慮、環境の構成、遊びへの展開、文化や活動の提供といった援助があります。また家庭との連携と支援という間接的な援助も行います。保育者の援助を場面・視点・方法の三つで整理すると右ページの図のように示すことができます。

総合的な保育者の援助

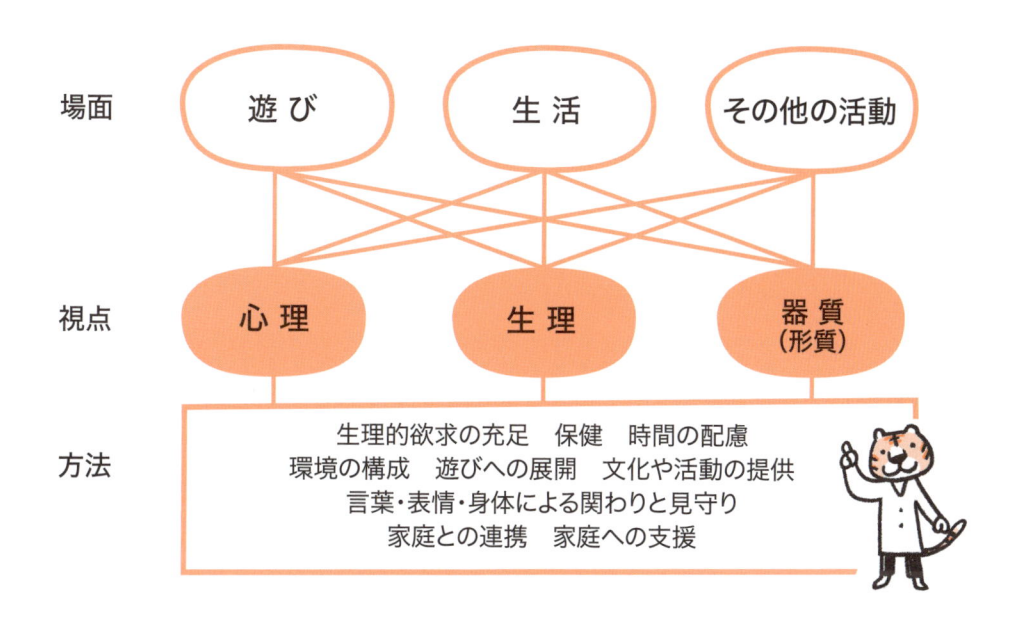

2 保育者は「育む」方法を中心とする

保育は「育む」仕事である

　乳幼児期の子どもは学び始めたばかりです。保育者が困る行動の多くは、その子ども
もが問題なのではなく、子どもがまだ学習していないために起こります。そのため、
保育者が行うことは、叱ることや癒すことではなく、子どもが新しい行動を獲得でき
るようにすることです。

　たとえば、感覚が過敏で友達とのトラブルが絶えない子どもであれば、運動と感覚
を育む遊びや活動を多く取り入れて感覚と運動の育ちを促します。また、ルールの守
り方を知らない子どもであれば、ルールのわかりやすい簡単なテーブルゲームや、少
人数の歌のゲームなどを用いて、楽しく自己制御を育めるようにします。

援助はすべての子どもに問題が起きる前から行う

　乳幼児は学習の途上にいます。集団生活のルールや友達と関わる言葉は、保育者が
ていねいに子どもに教える必要があります。トラブルが起きたときにトラブルを起こ
す子どものみを叱るのではなく、すべての子どもにていねいに教えることが保育者の
役割です。

　集団の保育では、まずクラスの子どもたち全体に対して、手作りの紙芝居、人形劇
等を使い、その年齢で起きがちなトラブルを再現し、楽しく印象的にルールや言葉を
伝えるようにします。その上で、個別にていねいな関わりを行っていきます。

保育者は心の援助にカウンセリング以外の方法を使う

　心理の専門家が相談で大人を援助する際には、カウンセリングのような言語を使った援助が多く用いられます。しかし保育者は、子どもの心を援助するために言語的な手法以外の方法を使います。

　たとえば、不安の強い子どもを援助することを考えてみましょう。まずは保育室を安心できる雰囲気にして、子どもが隠れることができる場をつくるなど、空間を工夫します。その子どもが夢中になり自己を発揮できる遊びを促す方法もあります。また、体を動かし、声を出し、心がワクワクするような活動を組むことも方法の一つです。遊びのなかでは友達とのつながりや関わりをつくる人間関係の援助も行います。美味しい給食とゆっくりと休める午睡も、子どもの心の安定を助けるものとして使います。

　このように保育者は、心の援助に多様な方法を使っています。

3　多様な展開方法の学び方

活動のバリエーションを多くもつ

　「育む」ための様々な活動を知っている保育者は、子どもの援助が容易です。

　たとえば、人との関わりを育てる遊びには、①状況理解が必要なごっこ遊び・劇ごっこ、②多様なルールが含まれる身体運動が伴（ともな）う集団遊び、③ルールが目に見えやすい机上ゲーム、④身体の触れ合いややりとりを楽しむ遊び、があります。また幼児のクラスでは、①協同や話し合い（聞き合い）が必要な活動、②役割を果たす活動、③地域の人など多様な人と関わる活動、など遊び以外の活動も行います。また、大切な気持ちや愛情を感じる本、社会のルール、ふるまい、人と自分の関係、自分の気持ち等に気づく絵本、多様な人々に気づく絵本など、人との関わりに関する絵本もあります。

　これらを具体的に知っている保育者は、子どもの育ちを支える援助ができます。

　活動のバリエーションについては、『保育内容5領域の展開』を参照ください。

保育者は学びによって相手に届く援助ができる

　子どもを把握し理解しても、それを子どもに届く援助につなげるためには、保育者が専門知識を学ぶことが欠かせません。

　どんなに子どもを理解したいという思いがあっても、学びのない振り返りや話し合いを繰り返していては、"這（は）い回る経験主義"になりかねません。変化を起こすには、新しい情報が必要です。幸い日本では、素晴らしい保育者たちの経験を本や映像で学ぶことができます。本を活用することで初心者にも豊かな展開が可能になります。

第17章
課題を保育へと展開する

1　課題を保育へと展開する方法

保育で生じる課題とは

　保育者が感じる子どもの課題には、子どもの行動の課題、発達の課題、情緒の課題、関係性の課題、言葉や文化の違いの課題などがあります。

　本章では三つの課題を取り上げ、子どもの把握と理解から保育へと展開する方法について具体的に説明します。なお、課題を保護者への子育て支援として展開する方法は、第18章に示します。

要因を想定する、状況を把握する、アプローチする

　保育者がある課題を感じたときには、まずその要因をできるだけ多く想定し、状況を把握していきます。子どもの内側の視点（心理、生理、器質（形質））と、子どもを取り巻く環境（園、家庭、病院・療育機関、地域社会、メディア）の視点から要因を想定し、状況を把握します。

　次に、把握した状況から、課題に影響を与えている要因をいくつかに絞り、その要因にアプローチする保育の展開を複数考えていきます。たとえば保育者の厳しさが要因の一つとしてあがれば、担当を変える、保育者が関わり方を学習する、行事を変えるなどの方法を複数あげることができます。

把握→理解→展開→把握を繰り返す

　保育者が、子どもやクラスなどに何らかの課題を感じたとき、その要因は一つではありません。「生活」は複雑です。保育者はまずは把握をして、理解という仮説を立て、環境を変えたり、関わり方を変えたりします。そして、変化がなければまた新たな仮説を立てて、再度環境や関わり方を変えます。保育の実践は、試行錯誤の連続です。

課題を保育へと展開するプロセス

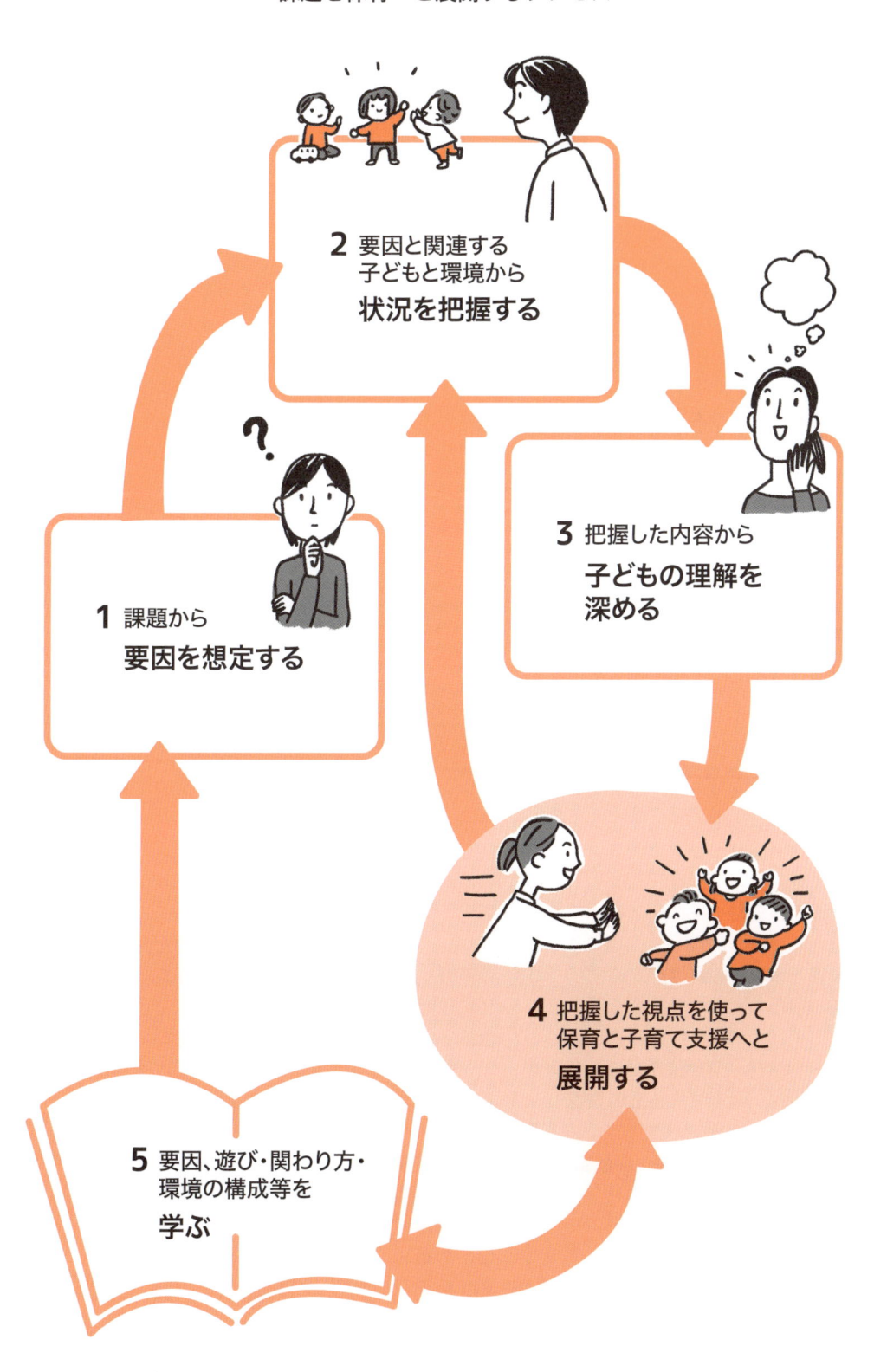

2 要因と関連する
子どもと環境から
状況を把握する

1 課題から
要因を想定する

3 把握した内容から
**子どもの理解を
深める**

4 把握した視点を使って
保育と子育て支援へと
展開する

5 要因、遊び・関わり方・
環境の構成等を
学ぶ

2 把握と理解から保育の展開を考える

　乱暴な行動が課題のとき、様々な要因が考えられます。把握した実態をもとに要因を絞り、保育の方法を検討していきます。

乱暴な行動の要因を捉える

心理の視点	生理の視点	器質（形質）の視点
・保育・集団生活のストレス ・保育者との関係が悪い ・友達との関係が悪い ・好きな遊びが見つからない ・保育室が狭い、玩具が少ない ・武器の玩具や絵本がある ・家で見た映像の模倣 ・親・きょうだいの行動の模倣 ・家庭のストレス ・友達への嫉妬 ・保育者の気を引きたい ・状況の理解がしにくい ・言葉と経験の不足など	・睡眠不足 ・栄養不足、栄養の偏り、糖質過剰 ・アレルギー ・薬・化学物質の影響 ・映像の長時間視聴による脳疲労 ・過剰な早期教育による脳疲労 ・運動不足など	・脳機能の障害 ・ギフテッド（天才） ・病気や事故による障害 ・感覚が過敏 ・さまざまな刺激に対して怖がりである ・遺伝的に攻撃性が高いなど

捉えた要因をふまえて、保育へと展開する

・一斉の活動を減らし、環境を構成した主体的な活動中心の保育にする ・一方的な言葉かけや声かけをできるだけ減らす ・園の職員全員でその子どもに関心を寄せてかわいがる ・友達とつなぐしかけをする ・その子どもが輝く場面づくり ・その子どもの好きな遊びを準備 ・縦割り保育、遊び時間での、各保育室の開放、廊下や事務室の改善 ・メディアリテラシー教育 ・声を出す、走り回る等、発散型の遊びを増やす ・絵を自由に描く時間を増やす ・保育者は愛情を言葉で伝え、あたたかい言葉を育む ・自己調整と自己表現の言葉を育む ・リズム感や自己調整を育む遊びを増やすなど	・日中、体を休める場をつくる ・午前中に日光を30分以上浴びることができるようにする ・歌う、リズム運動をする ・笑い、大声を出す、興奮する遊びをする ・その子どもが好きな虫や生き物を飼う ・一人でいられる場をつくる ・園での補食の方法を工夫する ・メディアリテラシー教育 ・園で子どもに過剰なストレスを与えている活動があればやめる ・園での遊びの時間を増やす ・室内環境・園庭環境を、活動量が増えるように変える	・視覚的にわかりやすい環境をつくる ・保育者の言葉をわかりやすく聞き取りやすいものに変える ・能力が発揮できる環境をつくる ・感覚と運動が育つ環境をつくる ・感覚と運動が育つ活動を行う ・すもうやおにごっこ等、攻撃性を発揮できる遊びの推進など

3 実践は試行錯誤を繰り返す

把握と理解に基づいて、保育へと展開する事例を紹介します。保育者の子どもへの理解は仮説のため、子どもの様子を見ては何度も仮説をたて直し、展開の試行錯誤を繰り返していきます。

この事例では、保護者に精神的な課題があったため、まずは保育でできることをできるだけ行うようにしました。保育者は保育のプロです。保護者に変わることを求める前に、まずは子どもの笑顔が増えるように保育を行います。

> ### 事例　原因は、家庭の変化？食事と睡眠？クラスの子ども？
>
> 3歳のZくんは、入園後ひと月が経過しても泣いたり大きな声でわめいたりする姿が多くみられました。はじめは離婚直後という家庭の不安定さによる心理的な問題だろうと仮説を立て、水遊びや楽しく笑い大声を出す遊びを多く取り入れました。人への信頼を育むために、気の合いそうな友達と向かい合わせにして、保育者のひざに乗せてわらべうた遊びを繰り返しました。体が不安定であったため、体の安定を高めるためにクラス全体で楽しく這うリズム遊びを行い、保育室に重い積み木を置き、坂を登り降りできる場を散歩先に選ぶようにしました。
>
> しかし情緒は安定しません。次に、給食の様子や午前に情緒が不安定なことから、朝食を食べていないことや睡眠の不足に気づきました。朝、おにぎりを準備したところ午前中の不安定さが減りました。家庭に働きかけるために、早寝早起きの効果を書いたお便りをクラス全体に出しました。
>
> その後も、大きな声でわめく行動は残りました。しかしその原因として、その子どもをからかう他の子どもの存在があることに気づきました。クラスの子どもたち全員に「素敵な言葉」や「かっこいい行動」が含まれる絵本を多く読みました。また、「大好き」「大切」などの肯定的な言葉が多い絵本を読み、詩をとなえました。どの子どもにも、個別に愛情を言葉で伝えるようにして、クラス全体にあたたかい行動と言葉を育むようにしました。冬を迎える頃には、Zくんのパニックはなくなり、あたたかな言葉があふれるクラスになりました。

4 保育への展開例：発達の障害がある子ども、発達の偏りが大きい子ども

課題から要因を想定する

　障害のなかでも、自閉症やADHDのような発達障害の子どもへの援助で悩む保育者は少なくありません。とくに多動、衝動的、攻撃的、コミュニケーションがとりづらい、常同的な行動は理解が難しいものです。また、身体障害のような目に見える障害と違って、クラスの子どもたちに説明が難しいことも保育者を悩ませます。

　子どもが困っている行動は、最優先の課題として何らかの働きかけを行う必要があります。たとえば、子どもが集団行動に参加しないことは保育者の困り感ですが、その子どもがパニックを起こしていれば、それはその子ども自身の困り感の現れです。

何に苦しんでいるのかを把握する

　その子どもがパニックになる時間、場面、パニックを起こす相手を把握します。相手が保育者であれば、保育者が何をしたときにそうなるのか書き出してみましょう。また、何を怖がっているのか、何に苦しんでいるのか、よく知ろうとしましょう。

　その子どもをよく理解するために、気になる行動だけではなく、その子どもがよくいる場所、好きなこと、声に出していることなどを、職員全員の情報を集めて把握します。また、保護者にその子どもが大好きな遊びを準備したいことを伝え、その子どもは家や公園では何が好きなのかを教えてもらいましょう。

　園内の職員が、その子どもに関する情報や体験を書き出したり話したりすることで、よりその子どものことを知ることができます。

把握した内容から子どもの理解を深める

　たとえば「友達から触られると激しく怒る」という行動を把握したとします。その理由を「友達を嫌っている」と推測するか、「感覚が過敏なために触られると怖くて怒ってしまう」と捉えるかによって、アプローチの方法は変わります。

　友達を嫌っているという心理主義的な理解は、誰にでもできます。しかし、感覚が過敏であるという理解は、専門知識をもっている人だけができるものです。０．１．２歳児の発達の道すじを理解していると、発達障害の子どもの行動や感情を理解しやすくなります。

　多動である、視線が合いにくい、変更を嫌がる等、すべての行動に理由があります。保育者は子どもを理解するために、「発達障害について理解を深める資料」（p.141）を読み、学ぶことから始めます。

感覚に配慮した環境をつくる

　視覚や聴覚の刺激に過敏な子どももいますので、保育室内も園庭も自然界に近い色刺激や音刺激にします。音に過敏な子どもにとって、常に音楽が流れていたり大声が飛び交う保育室はストレスが高い環境です。

　心のコントロールを育むためには身体へアプローチします。室内には斜面や段差を増やし、軽い大型積み木を重い積み木に替えるなどして立体視を育むようにします。園庭やホールでは両腕を使って全力で登る、すべり降りる、回転する、繰り返しジャンプするなど、全身を協調する動きができる遊具や自然環境をつくり、十分な感覚運動刺激を得られるようにします。

子どもの強みをいかした環境をつくる

　発達に偏りがある場合、何かに強い集中や興味をもつ場合があります。たとえば文字や数字、知識や物の収集、造形や絵画、音楽等です。これらの関心と能力は、ブロックとままごと、物語絵本しかない保育室では発揮できません。

　保育者は子どもの興味・関心に合わせて玩具を選びます。想像が苦手な発達障害の子どもは、ごっこ遊びよりも、操作の玩具や数量・文字の教具の方が遊びやすい場合があります。また科学絵本・図鑑・写真集等は、視覚的な強みと、興味関心の強さを生かせます。加えて、いつでも図鑑づくりができる場や勉強ごっこができる空間をつくれば、他の子どもにその子どもの強みを知ってもらう機会にもなります。音楽や描画に興味や強みがある子どもがいれば、ヘッドホンでいつも電子オルガンを弾ける空間や、いつでも描画ができる空間をつくります。

　遊びの場は、椅子の間隔を広めにし、一人用じゅうたんや枠などを使った空間づくりを行い、強い集中を妨げないようにします。

保育全体をインクルーシブ [1] にする

　主体的な活動中心の保育では、どの子どもも自分の興味関心のある活動に取り組めます。しかし、一斉の活動が中心でその子どもだけが"特別に入らない"と、他の子どもたちにその子どもは"自分たちとは違う特別な子どもである"という意識をもたせかねません。子どもは全員、能力が異なり多様です。障害のある子どもだけが能力が異なるわけではありません。保育者が「みんな同じ」で「全員が揃っていること」を子どもたちに求めると、子どもたちは遅い子どもやできない子ども、人と違う子どもを悪い子どもだと考えるようになるでしょう。保育者は「みなさんご一緒に」といった古い時代の価値観を捨て、能力や言語が多様であっても、それが問題とならない保育へと変えていきます。

---

(1) インクルーシブ教育とは、2006 年、国連「障害者の権利に関する条約」で提唱された概念であり、元々は障害者が排除されない教育をさす

たとえば、クラスの全員が同じ振り付けで踊る、保育者の指示の通りに同じ物をつくる等、子どもの能力が全員同じであることを前提とした活動を減らすようにします。活動に参加しない子どもがいる場合、それは活動そのものに原因があることもあります。たとえば"天才数学者"の幼児がクラスにいた場合、幼稚な振り付けのお遊戯を喜んで踊るでしょうか。

関わりによる援助を行う

　保育者の関わりで最も大切なことは、その子どもをかわいがることです。話すときにはまず保育者が子どもの視野に入り、短くわかりやすく話します。表情もわかりやすくします。何か説明するときには視覚的な補助を使います。子どもに何かをさせようとする前に、子どものそばで子どもと同じことをして、その子どもと空間を共にします。友達と関わらせることや、集団活動に入れることを急ぐ必要はありません。食事の偏りはおおらかに見守るようにします。

　叱ることには注意が必要です。保育者は本来「止める」「教える」べき場面で、「叱る」ことを使いがちです。叱ることは子どもの行動改善にはつながらず、より攻撃的になることもあります。また記憶力が高い子どもは、以前叱られた場面でパニックを起こすこともあります。保育者が困る場面での関わり方は、右ページの参考資料を学ぶことによって、より適切な援助ができるようになるでしょう。

保育者を子どもたちは見ている

　他の子どもたちには、その子どもの行動の理由を「障害だから」と説明しないようにします。たとえば、その子どもが友達をたたいたときに、その理由を「○○ちゃんは病気だから」と説明すると、説明された子どもはその子どもを"自分とは違う特別な子ども"だと考えてしまうかもしれません。長年、誰も置き去りにしない保育を実践する野村弘子は、そのような場面では「○○さんがたたいたのはきっとお口で言えなくてくやしかったんだと思うよ。でも○○さんも言葉でお話ししたいと思っている気持ちはあなたと同じだよ」と伝えるそうです。

　保育者が、どの子どもも一人の人として大切にしてする保育を行っていれば、子どもたちは保育者と同じようにその子どもと関わるようになるでしょう。

意図的な教材・活動を提供する

　発達障害の子どもの療育には感覚や運動を育む様々なプログラムがあります。幼児教育の中にも同様のプログラムがあります。たとえば、今井寿美枝の「はう運動遊び」や柳澤弘樹の「忍者遊び」は、感覚統合療法と同様の動きに加えて、笑顔と喜び、共感を重視したプログラムです。

　また室内のテーブルゲームでは、記憶力や高い視覚認知能力などの子どもの強みを生かせます。また相手が動かないため、おにごっこ等よりも順番等のルールの理解がわかりやすいものです。気持ちや表情等のソーシャルスキルトレーニングの入ったテーブルゲームがあれば、子どもは人間関係や社会性を学習しやすくなります。

●発達障害について理解を深める資料

『多様な子どもたちの発達支援：なぜこの行動？なぜこの対応？理解できる 10 の視点』
　　藤原里美、学研プラス、2015

『感覚統合 Q&A：子どもの理解と援助のために 改訂第 2 版』土田玲子、協同医書出版社、
　　2013

『発達障害の子どもの心がわかる本：赤ちゃん～学童期：個性とともに生きよう：子ど
　　もが幸せに生きていくために親が知るべきこと、できること』笠原麻里、主婦の友社、
　　2016

『発達障害の子の脳を育てる忍者遊び 柳沢運動プログラムを活用して』柳澤弘樹、講
　　談社、2016

『「はう運動あそび」で育つ子どもたち』今井寿美枝、大月書店、2014

『脳をきたえる「じゃれつき遊び」：3 ～ 6 歳：キレない子ども集中力のある子どもに
　　育つ（はじめて出会う育児シリーズ）』正木健雄、小学館、2004

『「がまんする力」を育てる保育』今井寿美枝、大月書店、2016

『多様な子どもたちの発達支援 園実践編』藤原里美、学研プラス、2022

『ひといちばい敏感な子：子どもたちは、パレットに並んだ絵の具のように、さまざま
　　な個性を持っている』エレイン・N・アーロン、明橋大二、万年堂出版、2015

『こうすればうまくいく！医療的配慮の必要な子どもの保育：30 の病気の対応ポイン
　　トがわかる！』西村実穂、徳田克己、中央法規、2017

『「発達障害」と間違われる子どもたち』成田奈緒子、青春出版社、2023

5 保育への展開例：日本語を母語としない子ども

自然に慣れるのを待たずに課題として捉える

　日本語が母語でない子どもが、遊びの時間に一人で室内や園庭を歩き回っていること、その子どもが園に行くことを嫌がっていること、保育者がコミュニケーションをとりにくいと感じていること、これらはすべて保育の課題です。しかし、それらを課題と捉えずに「日本語がわからないから仕方ない」としてしまうと、「その子どもが日本語をわかるようになるまで待つ」というアプローチしか出てきません。もしあなたが突然、言葉がわからない違う国の生活施設で、毎日８時間過ごすことになったらどれほど大変でしょうか。

　この課題の場合、日本語がまだわからないという要因はわかっています。それ以外の要因をチームでできるだけ多く考えてみましょう。保育者がまだ安心基地になっていない、自分の好きな玩具がない、好きな友達が見つかっていない、遊びのルールがわからない、非言語のコミュニケーションの意味がわからないなど、行動の背景を細やかに挙げるようにします。

要因から子どもと環境の状況を把握する

　その子どもの好きなことは保護者に尋ねます。家ではどんな玩具が好きなのか、どんな遊びをしているのか聞いてみましょう。今は日本語を様々な国の言語に簡単に翻訳することができます。文章を翻訳して手紙で質問を書くこともできます。家から玩具や絵本をもってきてもらうこともできるでしょう。前の園の写真や以前住んでいたところの写真があればもってきてもらいましょう。

　友達との様子はよく見ることで把握できます。他の子どもたちがその子どもにどのように関わっているか、何を言っているかをよく見て把握します。また他の子どもにその子どもとなぜ一緒に遊ばないのかを聞くこともできます。

　保育者が安心基地になっているかどうかは、その子どもが何か困ったときに保育者のもとに来るかどうかでわかります。信頼関係ができていれば、保育者の顔を振り返っては笑いかけ、抱かれることを好むでしょう。

把握した内容から子どもの理解を深める

　子どもが室内を歩き回っている原因として、その子どもが好きなことが見つからないのか、空間のなかに安心できるような居場所がないためか、他の子どもたちに避けられているためか、そのすべてなのか、その子どもが何に困っているのかを推測します。そして、その推測に基づいてアプローチを行っていきます。その子どもの好きな遊びが保育室や園庭にはないことがわかれば、把握した好きな遊びの場を準備します。

友達から避けられているために友達のそばに行かなくなっていると推測できれば、友達とつなぐしかけづくりを考えます。

把握した視点を使って保育環境へと展開する

　保育環境には、その子どもが好きなこととその子どもの母国の絵本や玩具、人形なども増やします。一人でも安心していられる場をつくり、不安を軽減するクッションなどの柔らかいものを置きます。クラスの子どもたちの名前や、保育室の物の写真を日本語と母語で掲示し、アルバムなどを使って写真と母語を入れたミニ辞典をつくることもできます。

　言葉を理解しにくい点は発達障害の子どもと同じです。生活の時間や手順は視覚的にわかりやすい掲示を行い、個別にていねいに教えることで理解を助けることができるでしょう。

遊びや生活場面で関わる、つなぐ

　保育者がその子どもの安心基地になるためには、その子どもに意識的に笑顔を向ける、抱きしめる、そばにいてその子どもの真似をして遊ぶ、その子どもの母語を話す、その子どもの好きな玩具を準備するなどがあります。ただ、新入園児に対して保育者が気持ちを向けていると、他の子どもたちが嫉妬することがありますので、他の子どもたちにも言葉で愛情を伝えることが欠かせません。他のクラスの保育者、園長・主任、調理員など園内の職員全員に、新入園の子どもを伝え、その子どもに関心を向け働きかけるように依頼をしておきます。

　幼児クラスであれば、朝夕の集まりでその子どもが前にいた園や家庭、地域の様子の写真を見ることやその子どもの母語で「おいで」「好き」「いっしょにしよう」などの言葉を練習することもできます。言葉を掲示することで多様な文字や形に興味をもつきっかけになるでしょう。

意図的に文化や活動を提供する

　遊びの中では、言葉や共通体験が少なくても遊びやすい遊びを準備します。たとえば、お家ごっこのような遊びは共通体験と会話によって成り立ちます。それに対してテーブルゲームは、言葉の違いがあっても視覚的な補助があるためルールがわかりやすい遊びです。また、友達がいることで面白いため、友達とつながるきっかけとして活用しやすいものです。缶ぽっくりや竹馬、ベーゴマやけん玉なども言葉が違っても遊びやすい遊びです。

　その子どもの母語や慣れ親しんだ遊びをクラスで行うこともできます。たとえばブラジルから来た子どもであれば、動画サイトで「ブラジル（国の名前）の遊び」「ポル

トガル語の遊び」と検索すると手遊びや体遊び、ゲームなどが出てきます。それらを
クラスの子どもたちで一緒に遊ぶことができます。また保護者に教えてもらうことも
できるでしょう。

正確な日本語を使う

　母語が日本語でない子どもにとって、保育者の言葉は重要な言葉のモデルです。「あ
れ」「それ」や「きちんと」「しっかり」のような言葉を使わずに、できるだけ正確に
言葉を使うように意識してみましょう。

　子どもがそばにいるときには「12時だから給食を取りに行きましょう」「テーブル
を布巾で拭きます」のように、自分の行動を実況中継することや、「サインペンを使う
んだね」「絵を描いたんだね」のように、子どもの行動を実況中継することを意識する
とよいでしょう。

◉ 日本語が母語ではない子どもの援助に役立つ資料

『外国につながる子どもの保育とクラスづくり：心と言葉を育む多文化保育』内田千春、
　中央法規出版、2024

『すべての子どもの権利を実現するインクルーシブ保育へ：多文化共生・障がい・家庭
　支援・医療的ケア』芦澤清音 他、ひとなる書房、2023

『ニュージーランドの保育園で働いてみた：子ども主体・多文化共生・保育者のウェル
　ビーイング体験記』谷島直樹、ひとなる書房、2022

「厚生労働省令和元年度子ども・子育て支援推進調査研究事業 保育所等における外国
　籍等の子どもの保育に関する取組事例集」三菱UFJリサーチ＆コンサルティング

　https://www.murc.jp/wp-content/uploads/2020/04/koukai_200427_1_3.pdf

『外国人保育の手引・ポルトガル語』日本保育協会、1997

『外国人保育の手引・英語』日本保育協会、1997

『外国人保育の手引・スペイン語』日本保育協会、1997

6 保育への展開例：映像メディアに強い影響を受けた子ども

課題から要因を想定する

　子どもに、コミュニケーションがとりにくい、遊びの時間にＣＭや英語のフレーズを繰り返している、ゲームの音声を発しながらゲームを操作するまねを続けている、周囲の友達の遊びとは関係なくアニメの世界を一人で再現している、ゲームの絵だけを描くようになったなどの状態が見られるときには、その背景として家庭での過剰（かじょう）な映像メディア接触が考えられます。

　また、泣かない、笑顔がない、視線が合わない、言葉が遅い、常同行動があるなどの状態が見られる場合は、脳の障害だと考えられがちですが、映像接触が隠れていることがあります。食欲不振、便秘、腹痛、不眠、夜驚症（やきょうしょう）、チック、切れやすいなど「心身症」のような状態が、映像メディア接触のストレスから起こることも報告されています。早期教育教材やスマホゲームなどを始める乳幼児期には、子どもによってはストレス症状が起きる可能性があることを想定しておきます。

要因から子どもと環境の状況を把握する

　子どもの状況を把握するためには、子どもがゲームの絵などを描いているときに、そのゲームの内容について尋ねることができます。

　家庭の状況を把握するためには、まずは保護者と信頼関係をつくることが最優先です。また、保護者がわが子と他の子どもを見る機会をつくります。保育体験や保育見学などは、保護者がじっくりと見ることができるように自発的な遊びを中心とします。体験や見学の際には、保護者に子どもがどんな遊びをしているか、友達とどんな関わりをしているかを見るように視点を伝えておきます。保護者からちょっとした相談があったときが家庭環境を把握するチャンスです。たとえば「言葉が遅くて」と相談があったときに、自宅でどのようにすごしているのかを聞くとよいでしょう。

把握した内容から子どもの理解を深める

　たとえば、電子ゲームの再現ばかりする子どもがいた時、その理由として、保護者が緊急入院をして長時間ゲームをしていたことがわかったとします。その状況は保育者には変えられませんが、子どもが早めに午睡できるように配慮し、日中に体を休められる空間をつくることができます。また、病院ごっこや救急車ごっこができる場をつくり、保護者の入院というその子どもが受け入れがたい現実を、遊びで再現できるようにします。他の子どもと一緒に病院ごっこをすることで、その子どもの日中の興味関心を、電子ゲームの再現以外に向けることができるでしょう。

保護者よりも子どもに働きかける

　家庭で長時間のメディア接触をしている場合は、まずは子どもに働きかけます。幼児期の子どもにとって保育者は最も信頼する大人です。親に言われてもゲームを止めない子どもが、「せんせいがゲームをしないほうがいいっていってた」と保育者に言われたことは守ろうとすることがあります。

　ＮＰＯ子どもとメディアは、園で活用できる啓発資料や地域ぐるみの実践を紹介しています。また幼稚園協会などで幼児向けの教材をつくっている団体もあります。

遊びや活動に展開する

　映像メディアに強く影響を受けた子どもは、自分から環境に働きかけることが苦手で、自発的に遊びをつくりだすことが難しいこともあります。その場合は歌やリズム遊び、体操などの声を出し全身を動かす活動を、意図的に多く取り入れるようにします。またテレビのキャラクターよりも、魅力的な言葉や行動をもつ主人公が活躍する絵本を繰り返し読む文化の提供や、消防署等を見学するなどの体験の提供を行い、新しい遊びのイメージをもてるようにします。

●映像メディアの影響と防止に関する資料

『テレビを消したら赤ちゃんがしゃべった！笑った！：音と光が言葉遅れの子をつくる』
　片岡直樹、メタモル出版、2009

『小児科医が伝えたい言葉の遅れが改善する方法』片岡直樹、現代書林、2020

『子育てとテレビ新事情』尾木直樹、新日本出版社、2004

『スマホが学力を破壊する』川島隆太、集英社、2018

『最新研究が明らかにした衝撃の事実　スマホが脳を「破壊」する』川島隆太、集英社、
　2019

『ネット依存・ゲーム依存がよくわかる本』樋口進、講談社、2018

NPO 子どもとメディア　https://komedia.or.jp/outline/

▶演習6　子どもの把握と理解に基づく保育の展開

　保育者が次のような子どもの課題に気づきました。①要因として考えられるものには何があるでしょうか。②今後何を把握していけばよいでしょうか。③保育と保護者支援でできることには何があるでしょうか。1～3それぞれの事例で考えましょう。

1．課題：目の輝きがない、笑わない乳児

①考えられる要因	②何を把握するか	③保育・保護者支援でできること

2．課題：偏食が著しい、給食をほとんど食べない

①考えられる要因	②何を把握するか	③保育・保護者支援でできること

3．課題：暴言や暴力が頻発するクラス

①考えられる要因	②何を把握するか	③保育・保護者支援でできること

第18章
家庭や地域と共に 子どもの育ちを支える

1　自分の信念が妥当か確認する

自分はどんな「〜すべき」をもっているか

　保育者がもっている信念は、子どもへの対応に影響を及ぼします。信念とは、どのような「〜すべき」「〜でなくてはならない」をもっているかです。

　たとえば、「食事は全部残さずに食べるべきである」「好き嫌いは今すぐに直すべきである」という信念をもっている保育者は、子どもが体調不良でない限り、あれこれと手を尽くして食べさせようとするでしょう。

信念は知識で変化する

　しかしその信念は、専門知識によって変わります。もしも「子どもは毒物に敏感でありアクのある食べ物を嫌う」という知識をもてば、野菜を嫌う子どもに「まあ子どもだしね」とおおらかになるかもしれません。「子どもに嫌いな食べ物を強要すれば、好き嫌いをかえって強める」という知識を手に入れれば、他の方法を使って好き嫌いを軽減することを探すでしょう。このように、保育者が専門知識を増やせば、その保育者の信念を変え、子どもへの保育の方法に影響を及ぼします。

意見が異なるときは、その背景をよく聴く

　保育者がもつ知識と経験は人によって違います。そのため、保育者同士で意見が異なることは当然です。意見が違うときには、相手に「なぜそう思うのか」「なぜそうするのか」その理由をよく聴くようにします。そして自分の考えや行動の根拠も、ていねいに相手に伝えるようにします。

　保護者も、様々な信念をもっています。「おやつに市販の袋菓子を出さないでほしい」「子どもには牛乳を飲ませたくない」「お昼寝はさせないでほしい」と要求する保護者は、

保育者とは異なる知識をもっていると考えられます。そのため、自分とは違う考え方と出会ったときには、「どうしてそう考えるのか」をていねいに聴くようにします。すると、相手からその信念に至った知識や経験を聞き出すことができます。

2 保護者と情報を共有する

「普通の子育て」で子どもが不健康に育つ時代

今の日本では、誰もが行っている「普通の子育て」が、「子どもが不健康で感情が不安定になる子育て」になりがちです。多くの保護者は長時間労働であり、家の周囲には子どもが遊ぶ場もありません。どの家庭でも長時間の映像メディア接触をし、夜型で睡眠不足であり、毎日お菓子を食べジュースを飲む生活が普通です。

社会の課題を一緒に考える

これに対して保育者は、子どもの健やかな育ちを支える生活を知っています。保育者は、子どもとの遊び方、関わり方、生活の仕方などの知識や知恵を、保護者が受けいれやすいように伝えることで、家庭の暮らしと親子関係の形成を、間接的に助けることができます[1]。その際、保護者に専門家として上から指導するのではなく、私たちが抱える社会問題として伝え、保護者と一緒に考え共に解決していこうとする姿勢が大切です。

子育ては本能ではできない

初めての子育ては、女性も男性も不安ばかりです。保育者は、2年以上保育者養成校へ通い、保育士や幼稚園教諭の免許を取得します。しかし保護者は、いきなり親になります。そのため、保育者からすると「こんなことも知らないの」と思うことがあるかもしれません。女性も男性も知らないことはできませんし、見たことがないことは真似できません。

乳幼児期は、親が親として最も成長発達する敏感期です。この大切な時期に、保育者は保護者と伴走することができるのです。

[1] 『子育て支援 ひだまり通信：遊びとしつけの上手なコツ』は、しつけや遊びなど保護者へのお便りをコピーして配布できる。

3 親が親として育つことを支える

問題を指摘されても受け入れがたい

　子育ての主役はその親自身です。知識や経験が豊富な保育者から見ると、はじめて子育てをする保護者に対しては、あれこれとアドバイスをしたくなるものです。しかし、何も問題を感じていない保護者は、問題点を指摘されたり、アドバイスをされたりしても、受け入れがたいものです。

まずは子どもに働きかける

　子どもに何か課題があるとき、専門知識をもつ保育者は、保護者よりも先に気づきます。たとえば入園してきた赤ちゃんが笑わない、喃語が出ないことに気づくことがあるでしょう。その場合、「お家でもっと赤ちゃんに話しかけてください」と伝える前にできることがあります。それは、日中の保育のなかで、赤ちゃんをかわいがり、赤ちゃんの笑顔と喃語を引き出すことです。よく笑うようになった赤ちゃんはかわいいものです。そして保護者に「○○のときによく笑いますね」と話したり、お迎えの時間に、保護者の前で意図的に赤ちゃんに話しかけたりすることで、保護者も赤ちゃんに話しかけることができるようになります。

　このように、直接保護者にアドバイスをしなくても、子どもの課題を自然に解決することができます。

4 伝わりやすいアドバイスの方法をとる

環境を通した保護者支援

　保育者は、保護者の支援においても、環境を通した保護者支援を行うことができます[2]。保育室の様子や他の子どもの様子、保育者の関わり方を見ることができる園は、保護者にとってとてもよい学びの場です。また、本の貸し出し、お便り、講演会等を通しても保護者に様々な情報を届けることができます。

アドバイスはタイミングが重要

　アドバイスは、伝えるタイミングが重要です。最も保護者に伝わりやすいアドバイスのタイミングは、保護者から相談を受けた時です。たとえば夜更かしについて保護者が問題を感じていないときにアドバイスをしても伝わりません。保護者から「子どもの食欲がない」と相談を受けたときに、「夜更かしだと食欲がわきにくいので、試しに早く寝かせてみてはどうでしょうか」と話すと伝わりやすいでしょう。

困り感に合わせた具体的な手立てを伝える

　保育者の強みは、心理支援にとどまらずに、保護者の困り感に対応した具体的な手立てを伝えられることです。相談されたとき以外は、面談などで直接指導することはさけ、環境づくりやお便りなど、保護者が主体的に情報を得ることができるようにして伝えます。

5　家庭と一緒に子どもの育ちを支える

子どもの笑顔を支えることで保護者の信頼を得る

　保育者は、保護者と一緒に子どもの育ちを支えたいと願っています。そのためには、まずは保育者が保護者から信頼を得る必要があります。保護者からの信頼を得るには、子どもが園へ喜んで通っている姿を保護者が感じることや、入園してから子どもの笑顔が増えたことなどを実感することが大切です。子どもが笑顔であれば保護者の笑顔も増えます。保育者を信頼する保護者は、困ったときには保育者に相談し、行事にも協力するようになるでしょう。

保護者を受け身にする支援をさける

　入園前の保護者へ行う子育て支援では、保護者の養育力が高まる方法を選びます。たとえば、保育者が親子を集め、手遊びや工作、パネルシアターのような家庭でできない遊びをやって見せて、保護者をお客さんにするようなイベントばかりを行っていれば、保護者を子育て支援サービスの受け手にしてしまいます。その結果、保育者への依存性が高まり、園への苦情も増えるでしょう。

保護者の参加を促す

　保護者自身の養育力が高まる支援としては、保育士体験や保育に参加する機会をつくる、保育や行事を見る機会をつくる、保護者同士が交流する機会をつくる、保護者の学習機会をつくる、懇談・相談の機会をつくる、保護者が遊具等を製作する機会をつくる、保護者が保育の素材等を提供する機会をつくる、保護者会の活動を促す、保護者から子育ての知恵を募集し共有化を促す、などがあります。

　その際、園の保育の質が確保されていることが前提です。発達に合わない保育や行事を行う園の場合には、上記が子育ての支援にはなりません。

(2)『子育て支援の環境づくり』エイデル研究所、2018 では、保育所・こども園・幼稚園で行う環境を通した保護者支援を説明している。

6 地域の資源の活用と連携

公園も道路も子どもの育ちを支えている

　子どもの育ちは、園と家庭だけで支えるものではありません。地域には、園の他にも子どもと保護者が活用できる様々な資源があります。右ページのように、地域の公園も道路も、子どもたちの育ちを支え、保護者の子育てを支援しています。園長や主任等は地域の全体が、子どもが健やかに育ち、保護者が子育てしやすい地域となるように、地域の様々な機関や専門職との連携を図ります。

多様な機関や団体との連携

　それぞれの立場や職種によって、一つの課題に対しても、それぞれが果たす機能や用いる方法が異なります。たとえば「多胎児で虐待のリスクが高い子ども」という課題に対して、「医師」「保健師」「助産師」「社会福祉士」「療育機関の保育士」等、様々な職種が異なる機能を果たしています。また双子サークルのような「ピアサポートグループ」もあります。園長や主任等は、地域の各専門機関や団体を把握し、必要な機関と連携を取りながらできることを行うようにします。

小学校との連携

　学童期以降の小学校との連携として、保育者は卒園児全員の指導要録を作成する、小学校の見学を行う他、様々な連携が行われています。保幼小連携の前提には、園が乳幼児期にふさわしい経験を確保していることが挙げられます。0歳から就学前までの保育内容と、学童期以降との教育内容の連続性の確保については、『保育内容 5領域の展開』を参照ください。

◉保護者との協働と支援の方法について役立つ資料

『3000万語の格差：赤ちゃんの脳をつくる、親と保育者の話しかけ』ダナ・サスキンド、掛
　　札逸美 訳、明石書店、2018

『脳を育む親子の会話レシピ』高山静子、風鳴社、2022

『子育て支援ひだまり通信：遊びとしつけの上手なコツ』高山静子、チャイルド本社、2010

『子育て支援の環境づくり』高山静子、エイデル研究所、2018

臨床心理士

子育て支援センター

警察官

議 員

ボランティア

児童養護施設

乳児院

幼・保・こ園

小児科医

児童館

助産師

子育て広場

ファミサポ

家庭児童相談室

保健師

里 親

ベビーシッター

子どもがひとり育つには
みんなの力が必要

児童相談所

公 園

障害児施設

助産施設

母子生活支援施設

NPO職員

小児科

民生児童委員

保健福祉センター

行政職員

おわりに

福祉や心理の専門職は、一人が主な対象です。相手を十分に把握するアセスメントからはじめ、その上で相手と共に方針を決定します。これに対し教育の専門職は、はじめに教育内容ありきです。小学校では各学年で子どもが学習する内容が詳細に定められています。

保育の難しさは、この一人の子どもの幸福や自己実現を支える福祉と、子どもの学びを集団の活動のなかで支える教育という二つの機能を果たすことだと考えられます。

保育者には、様々な能力と志向性をもった子どもたちを集団で保育し、そのなかで一人ひとりの子どもを理解し、環境を構成し、子どもに合わせて関わり、文化を提供するという非常に高度な能力を求められています。

保育者が保育を遂行するには、幅広い専門知識と高度な技術の修得が必要です。しかし、その相手が乳幼児であることで、「誰にでもできる仕事」「個人の資質・能力でできる仕事」と誤解を受けています。

環境を構成することも、集団の保育のなかで一人ひとりとていねいに関わることも、とても高度な技術です。そして本書のテーマである子どもを把握し理解することは、最も難しい技術ではないでしょうか。人が、人を理解することには限界があります。人は、他者のことを完全にわかることはできません。

この本を手にしてくださった方は、「もっと子どものことをわかりたい」という誠実な気持ちをもつ方だと思います。そのような皆さんの思いに、本書が少しでもお役に立つことができれば幸いです。

子どもも、保護者も、皆さんご自身も幸せになるために、本書を活用してほしいと願っています。

謝辞

本書は、これまでの保育の専門性シリーズとは少し異なり、他分野の研究者や実践者の知見をまとめた内容の割合が多くなりました。分野によって異なる用語や定義をすり合わせ、それらをいかに保育の実践に活用できる形でまとめるかが最も苦心するところとなりました。

本書が少しでもわかりやすいものになっているとするならば、それはいつも私に保育の喜びと悩みを教えてくださる先生方のおかげです。研修会やヒアリングでいただいた質問は新たな知見を探すヒントになりました。

原稿が読みやすい本として出版されるまでに今回も 1 年半かかりました。その間、様々な皆様から貴重なアドバイスをいただきました。野村弘子先生と今井寿美枝先生には、いつもその卓越した実践から学ばせていただき、本書でもお二人の優れた展開の方法を紹介させていただきました。G3 保育環境研究会の先生方、聖隷クリストファー大学附属クリストファーこども園の先生方、開仁志先生、島田裕香子先生、敦岡沙織先生、南晴栄先生、武沢瑞穂先生、瀬野優子先生には原稿に対して貴重なご意見をいただくことができました。福田光子先生、芦田永真先生、須永矢先生にはすべての原稿にお目通しいただき細やかに校正をしていただきました。東洋大学生命科学部の金子律子先生には脳研究者の立場から貴重なご指摘をいただきました。日本社会事業大学の亀﨑美沙子先生には、本書でも全編に渡り細やかなアドバイスをいただきました。

郁洋舎の長谷吉洋さんは、今回も本書がより現場の皆様に活用しやすい本になるように一緒に悩み、粘り強く修正にお付き合いいただきました。柚木ミサトさんのイラストや図のおかげで、本書の手にとりやすさとわかりやすさが増しました。

皆様に心より感謝を申し上げます。

付　記

本書は、2021 年 7 月〜2023 年 3 月に特定非営利活動法人東京都公立保育園研究会の広報 255 〜 261 号に掲載した「子どもの把握と理解」の内容を大幅に改訂・加筆したものです。

参考文献

はじめに
第 1 部
第 1 章　子どもの把握と理解とは何か

中村雄二郎『臨床の知とは何か』岩波書店、1992

マイケル・ポランニー『暗黙知の次元』筑摩書房、2003

ドロシー・レナード『「経験知」を伝える技術：ディープスマートの本質』ランダムハウス講談社、2005

乾敏郎『感情とはそもそも何なのか：現代科学で読み解く感情のしくみと障害』ミネルヴァ書房、2018

清水益治、無藤隆 他『子どもの理解と援助（新保育ライブラリ：子どもを知る）』北大路書房、2021

藪中征代、玉瀬友美『子どもの理解と援助：子どもの育ちと学びの理解と保育実践』萌文書林、2020

『最新保育士養成講座』総括編纂委員会 編『最新保育士養成講座 第 6 巻』全国社会福祉協議会、2020

大沢裕 他『子どもの理解と援助（保育士を育てる；3）』一藝社、2020

無藤隆、掘越紀香、丹羽さがの、古賀松香『子どもの理解と援助：育ち・学びをとらえて支える（乳幼児教育・保育シリーズ）』光生館、2019

高嶋景子、砂上史子『子ども理解と援助（新しい保育講座；3）』ミネルヴァ書房、2019

清水益治、森俊之 他『子どもの理解と援助（新基本保育シリーズ；10）』中央法規出版、2019

入江礼子、小原敏郎『子ども理解の理論及び方法：子どもの理解と援助：ドキュメンテーション〈記録〉を活用した保育』萌文書林、2019

大久保秀子、櫃田紋子 他『こども理解と観察：親子観察を通して創造的実践力を育てる授業の試み』ななみ書房、2018

大沢裕一、谷田貝公昭『幼児理解 新版』一藝社、2018

高山静子『改訂 環境構成の理論と実践：保育の専門性に基づいて』郁洋舎、2021

高山静子『改訂 保育者の関わりの理論と実践：保育の専門性に基づいて』郁洋舎、2021

北島英治 他『ソーシャルワーク実践の基礎理論』有斐閣、2002

前川喜平『乳幼児健診における境界児の診かたとケアのしかた』診断と治療社、1997

舟島なをみ『看護教育学研究：発見・創造・証明の過程 第 2 版』医学書院、2010

中井俊樹ら『看護教育実践シリーズ . 1』医学書院、2020

大西弘高『新医学教育学入門：教育者中心から学習者中心へ』医学書院、2005

Ronald M.Harden、Jennifer M.Laidlaw 他『医学教育を学び始める人のために』篠原出版新社、2013

John A.Dent 他『医学教育の理論と実践』篠原出版新社、2010

土田玲子 他『感覚統合 Q&A：子どもの理解と援助のために 改訂第 2 版』協同医書出版社、2013

岩﨑清隆・鴨下賢一『発達障害の作業療法 基礎編 第 3 版』三輪書店、2019

OECD 教育研究革新センター 他『個別化していく教育（OECD 未来の教育改革；2）』明石書店、2007

OECD 教育研究革新センター 他『脳からみた学習：新しい学習科学の誕生』明石書店、2010

グループディダクティカ『深い学びを紡ぎだす：教科と子どもの視点から』勁草書房、2019

デイビッド・エプスタイン『RANGE：知識の「幅」が最強の武器になる』日経 BP、2020

マシュー・サイド『失敗の科学：失敗から学習する組織、学習できない組織』ディスカヴァー・トゥエンティワン、2016

西條剛央『構造構成主義とは何か：次世代人間科学の原理』北王路書房、2005

楠見孝、津波古澄子『看護におけるクリティカルシンキング教育 = Critical thinking education in nursing：良質の看護実践を生み出す力』医学書院、2017

河野哲也『じぶんで考えじぶんで話せるこどもを育てる哲学レッスン 増補版』河出書房新社、2021

文部科学省『幼児の思いをつなぐ指導計画の作成と保育の展開：令和 3 年 2 月』チャイルド本社、2021

七木田敦 他『「子育て先進国」ニュージーランドの保育：歴史と文化が紡ぐ家族支援と幼児教育』福村出版、2015

塚本美知子 他『子ども理解と保育実践：子どもを知る・自分を知る 改訂』萌文書林、2018

上田敏丈、香曽我部琢 他『コンパス子ども理解：エピソードから考える理論と援助』建帛社、2021

第 2 章　保育者が子どもを把握し理解する視点

西條剛央『構造構成主義とは何か：次世代人間科学の原理』北大路書房、2005

日本社会臨床学会 編『心理主義化する社会』現代書館、2008

秋田喜代美 他『あらゆる学問は保育につながる：発達保育実践政策学の挑戦』東京大学出版会、2016

安梅勅江『根拠に基づく子育ち・子育てエンパワメント：子育ち環境評価と虐待予防』日本小児医事出版会、2009

保育パワーアップ研究会、安梅勅江『保育パワーアップ

講座：長時間保育研究をもとに子どもたちのすこやかな成長のために』日本小児医事出版会、2007

安梅勅江『子育ち環境と子育て支援：よい長時間保育のみわけかた』勁草書房、2004

斎藤公子『さくら・さくらんぼの障害児保育』青木書店、1982

中村雄二郎『臨床の知とは何か』岩波書店、1992

北島英治 他『ソーシャルワーク実践の基礎理論 改訂版』有斐閣、2010

ユリー・ブロンフェンブレンナー 他『人間発達の生態学（エコロジー）：発達心理学への挑戦』川島書店、1996

河野哲也『環境に拡がる心：生態学的哲学の展望』勁草書房、2005

三嶋博之『エコロジカル・マインド：知性と環境をつなぐ心理学』日本放送出版協会、2000

佐々木正人 他『アフォーダンスと行為（身体とシステム）』金子書房、2001

佐々木正人『アフォーダンス－新しい認知の理論』岩波書店、1995

エドワード・S. リード 他『アフォーダンスの心理学：生態心理学への道』新曜社、2000

斎藤公子、川島浩『ヒトが人間になる：さくら・さくらんぼ保育園の 365 日 写真集』太郎次郎社、1984

Jeffrey L. Elman 他『認知発達と生得性：心はどこから来るのか』共立出版、1998

原田隆之『入門犯罪心理学』ちくま書房、2015

エレーヌ・フォックス、森内薫『脳科学は人格を変えられるか？』文藝春秋、2017

大野耕策『脳を作り脳を育てる遺伝子』共立出版、1996

明和政子『ヒトの発達の謎を解く：胎児期から人類の未来まで』筑摩書房、2019

明和政子『心が芽ばえるとき：コミュニケーションの誕生と進化』NTT 出版、2006

松沢哲郎『分かちあう心の進化』岩波書店、2018

竹内敏晴『ことばが劈かれるとき 第 2 版』思想の科学社、1995

岩田純一『〈わたし〉の世界の成り立ち』金子書房、1998

堀忠雄 他『生理心理学と精神生理学 第 2 巻』北大路書房、2017

リサ・フェルドマン・バレット 他『情動はこうしてつくられる：脳の隠れた働きと構成主義的情動理論』紀伊國屋書店、2019

津守真、磯部景子『乳幼児精神発達診断法 3 才～7 才まで』大日本図書、1988

遠城寺宗徳『遠城寺式・乳幼児分析的発達検査法 改訂新装版』慶應義塾大学出版会、2009

清水益治、森敏昭『0 歳～12 歳児の発達と学び：保幼小の連携と接続に向けて』北大路書房、2013

野井真吾『子どもの体温と健康の話：免疫力や体力を高めるからだづくり』芽ばえ社、2013

野井真吾『子どもの "からだと心" クライシス：「子ども時代」の保障に向けての提言』かもがわ出版、2021

クレア・ルウェリン、ヘイリー・サイラッド 他『人生で一番大事な最初の 1000 日の食事：「妊娠」から「2 歳」まで、「赤ちゃんの食事」完全 BOOK』ダイアモンド社、2019

マーガレット・カー 他『保育の場で子どもの学びをアセスメントする：「学びの物語」アプローチの理論と実践』ひとなる書房、2013

マーガレット・カー、ウエンディ・リー 他『学び手はいかにアイデンティティを構築していくか：保幼小におけるアセスメント実践「学びの物語」』ひとなる書房、2020

伊藤亜紗『手の倫理』講談社、2020

山口創『子供の「脳」は肌にある』光文社、2004

竹内敏晴『ことばが劈かれるとき 第 2 版』思想の科学社、1995

竹内敏晴『子どものからだとことば』晶文社、1989

今井むつみ 他『算数文章題が解けない子どもたち―ことば・思考の力と学力不振』岩波書店、2022

戸田須恵子「乳児の言語獲得と発達に関する研究」『北海道教育大学釧路校研究紀要』第 37 号、2005

長尾圭造、上好あつ子『乳児健診で使える はじめてことばが出るまでのことばの発達検査マニュアル』明石書店、2009

一般社団法人日本赤ちゃん学協会 編『言葉・非認知的な心・学ぶ力（赤ちゃん学で理解する乳児の発達と保育；第 3 巻）』中央法規出版、2019

高山静子『保育内容 5 領域の展開：保育の専門性に基づいて』郁洋舎、2022

斎藤公子、川嶋浩 『100 人のアリサ：就学前の子どもたちが織りなした "綾"：写真集』創風社、1987

斎藤公子、斎藤公子の部屋『子どもは描く：「さくらんぼ坊や」の子どもたち 普及版』K フリーダム、2019

斎藤公子『さくら・さくらんぼの障害児保育』青木書店、1982

鳥居昭美『子どもの絵の見方、育て方 新装版』大月書店、2003

三沢直子『殺意をえがく子どもたち：大人への警告』学陽書房、1998

鳥山敏子『からだが変わる授業が変わる』晩成書房、1985

鳥山敏子『イメージをさぐる：からだ・ことば・イメージの授業』太郎次郎社、1985

丸山美和子『保育者が基礎から学ぶ乳児の発達（保育と子育て 21）』かもがわ出版、2011

第 3 章 保育者が子どもを把握し理解する方法

新版 K 式発達検査研究会『新版 K 式発達検査法：標準化資料と実施法』ナカニシヤ出版、2008

前川喜平『小児の神経と発達の診かた 改訂』新興医学出版社、2000

田中昌人、田中杉恵、有田知行『子どもの発達と診断 1（乳児期前半）』大月書店、1981

津守真、稲毛教子『乳幼児精神発達診断法 0 才～3 才まで』大日本図書、1987

藤沢晃治『理解する技術：情報の本質が分かる』PHP研究所、2005

鈴木敏昭『「分かる」ことの心理学』相対舎、2019

厚生労働省雇用均等・児童家庭局長通知「指定保育士養成施設の指定及び運営の基準について」（平成30年4月27日）

斎藤公子『さくら・さくらんぼの障害児保育』青木書店、1982

安梅勅江『根拠に基づく子育ち・子育てエンパワメント：子育ち環境評価と虐待予防』日本小児医事出版会、2009

保育パワーアップ研究会、安梅勅江『保育パワーアップ講座：長時間保育研究をもとに子どもたちのすこやかな成長のために』日本小児医事出版会、2007

安梅勅江『子育ち環境と子育て支援：よい長時間保育のみわけかた』勁草書房、2004

第2部
第4章　睡眠

堀忠雄 他『生理心理学と精神生理学 第2巻』北大路書房、2017

櫻井武『睡眠の科学：なぜ眠るのかなぜ目覚めるのか 改訂新版』講談社、2017

三池輝久『子どもとねむり 乳幼児編（良質の睡眠が発達障害を予防する）』メディアイランド、2011

三池輝久『子どもの夜ふかし脳への脅威』集英社、2014

三池輝久『赤ちゃんと体内時計：胎児期から始まる生活習慣病』集英社、2021

有田秀穂『自律神経をリセットする太陽の浴び方：幸せホルモン、セロトニンと日光浴で健康に』山と渓谷社、2018

食べ物文化編集部『子どもの生体リズム・体内リズム』芽ばえ社、1995

河添邦俊、河添幸江『イラストでみる乳幼児の一日の生活のしかた：生活リズムの確立』子ども総合研究所・出版部、1991

森口佑介『自分をコントロールする力：非認知スキルの心理学』講談社、2019

神山潤『「夜ふかし」の脳科学：子どもの心と体を壊すもの』中央公論新社、2005

神山潤『子どもの睡眠：眠りは脳と心の栄養』芽ばえ社、2003

田澤雄作『メディアにむしばまれる子どもたち：小児科医からのメッセージ』教文館、2015

高山静子『子育て支援ひだまり通信：遊びとしつけの上手なコツ』チャイルド本社、2010

野井真吾『子どもの体温と健康の話：免疫力や体力を高めるからだづくり』芽ばえ社、2013

鈴木みゆき「幼児の三角形模写力に対する睡眠―覚醒リズムの影響に関する研究」2005

近藤保彦 他『脳とホルモンの行動学：わかりやすい行動神経内分泌学：カラー版 第2版』西村書店、2023

キャサリン・ウイットロック、ニコラ・テンプル 他『とことん解説人体と健康ビジュアルホルモンのはたらきパーフェクトガイド』日経ナショナルジオグラフィック社、2021

第5章　食べ物

ドナルド・R.ウッズ、新道幸恵『PBL判断能力を高める主体的学習：Problem‐based learning』医学書院、2001

小城勝相『体の中の異物「毒」の科学：ふつうの食べものに含まれる危ない物質』講談社、2016

エイドリアン・レイン、高橋洋『暴力の解剖学：神経犯罪学への招待』紀伊国屋書店、2015

西日本新聞社「食くらし」取材班『食卓の向こう側1（西日本新聞ブックレット；no.1）』西日本新聞社 2004

西日本新聞社「食くらし」取材班『食卓の向こう側2（西日本新聞ブックレット；no.2）』西日本新聞社 2004

西日本新聞社「食くらし」取材班『食卓の向こう側4（西日本新聞ブックレット；no.4）』西日本新聞社 2004

アレキサンダー・G.シャウス、大沢博『栄養と犯罪行動』ブレーン出版、1990

赤峰勝人『ニンジンから宇宙へ：よみがえる母なる大地 改訂第3版』なずなワールド、2002

A.ホッファー、大沢博『統合失調症を治す：栄養療法による驚異的回復！』第三文明社、2005

カール ファイファー、パトリック・ホルフォード 他『精神疾患と栄養：うつ、不安、分裂病にうちかつ』1999、ブレーン出版

藤川徳美『うつ・パニックは「鉄」不足が原因だった』光文社、2017

藤川徳美『薬に頼らずうつを治す方法』アチーブメント出版、2019

ともだかずこ、藤川徳美『食事でよくなる！子供の発達障害：たんぱく質と鉄分不足が子供を蝕む』マキノ出版、2019

春木敏徳『「うつ病」は99%誤診だった！：血液検査と栄養療法で「ウツ」は治る時代へ』Kindle、2019

高尾利数『砂糖は体も心も狂わせる：学校・家庭内暴力も砂糖のとりすぎ』ペガサス、1982

ウイリアム・ダフティ、田村源二『砂糖病（シュガー・ブルース）：甘い麻薬の正体：普及版』日貿出版社、1995

安藤正人、藤田公和『入門子どもの神経生理学：脳はどのように発達するのか』ささら書房、1992

山内逸郎『子育て：小児科医の助言』岩波書店、1989

原田隆之『入門犯罪心理学』ちくま書房、2015

クレア・ルウェリン、ヘイリー・サイラッド 他『人生で一番大事な最初の1000日の食事：「妊娠」から「2歳」まで、「赤ちゃんの食事」完全BOOK』ダイアモンド社、2019

大沢博『食事で治す心の病：統合失調症にB3の効果！Part.2』第三文明社、2004

大沢博『心理栄養学：食べなければ気力はでない』ブレーン出版、1994

カール・ファイファー、パトリック・ホルフォード 他『精神疾患と栄養：うつ、不安、分裂病にうちかつ』ブレーン出版、1999

上野川修一『からだの中の外界腸のふしぎ：最大の免疫器官にして第二のゲノム格納庫』講談社、2013

宮坂昌之、定岡恵『免疫と「病」の科学：万病のもと「慢性炎症」とは何か』講談社、2018

第6章　化学物質

アランナ・コリン、矢野真千子『あなたの体は9割が細菌：微生物の生態系が崩れはじめた』河出書房新社、2016

井田徹治『有害化学物質の話：農薬からプラスチックまで』ＰＨＰ研究所、2013

岩田健太郎『感染症は実在しない』インターナショナル新書、2020

岩田 健太郎『99.9%が誤用の抗生物質：医者も知らないホントの話』光文社、2013

大矢奈穂子「日本の幼児におけるネオニコチノイド系殺虫剤の総量曝露評価と薬剤体内摂取に関連する要因の探求」Science of the Total Environment、2021

大矢奈穂子「使用済みオムツを用いた日本の幼児における有機リン系殺虫剤曝露量の評価：曝露に関連する行動および母親の食意識による寄与」Environment International 2020

黒田洋一郎「子どもの脳の発達と環境化学物質〜軽度発達障害の一因の可能性」『教育』、2006

厚生労働省「妊婦への魚介類の摂食と水銀に関する注意事項」2010

厚生労働省「自然毒のリスクプロファイル」

功刀正行『海の色が語る地球環境：海洋汚染と水の未来』PHP研究所、2009

船山信次『毒：青酸カリからギンナンまで』PHP研究所、2012

船山信次『毒があるのになぜ食べられるのか』PHP新書、2015

板澤寿子「黄砂の乳幼児の症状への影響」2019

原田正純『いのちの旅：「水俣学」への軌跡』岩波書店、2016

岐部健生『わかりやすい身の回りの化学物質の知識 環境病・化学物質過敏症・ネオニコチノイド』SeisakuKSKブックス、2014

酒井伸一『ゴミと化学物質』岩波書店、1998

日本環境化学会『地球をめぐる不都合な物質：拡散する化学物質がもたらすもの』講談社、2019

水野玲子『知ってびっくり子どもの脳に有害な化学物質のお話』食べ物通信社、2017

シーア コルボーン 他『奪われし未来 増補改訂版』翔泳社、2001

レイチェル カーソン『沈黙の春：生と死の妙薬』新潮社、1974

エイドリアン・レイン『暴力の解剖学』紀伊国屋書店、2015

吉森保『LIFE SCIENCE：長生きせざるをえない時代の生命科学講義』日経BP、2020

鈴木隆二『カラー図鑑 免疫学の基本がわかる事典』西東社、2015

松本健治『免疫学の基本：オールカラー（運動・からだ図解）』マイナビ出版、2018

夏井睦『傷はぜったい消毒するな：生態系としての皮膚の科学』光文社、2009

夏井睦『患者よ、医者から逃げろ：その手術、本当に必要ですか？』光文社、2019

藤田紘一郎『子どもの免疫力を高める方法』PHP研究所、2018

ジャック・ギルバート、ロブ・ナイト、サンドラ・ブレイクスリー 他『子どもの人生は「腸」で決まる：3歳までにやっておきたい最強の免疫力の育て方』東洋経済新報社、2019

ジョシュ・アックス、藤田紘一郎『すべての不調をなくしたければ除菌はやめなさい』文響社、2018

エムラン・メイヤー『腸と脳：体内の会話はいかにあなたの気分や選択や健康を左右するか』紀伊國屋書店、2018

古賀泰裕『アレルギーのない子にするために1歳までにやっておきたいこと15』毎日新聞出版、2015

エドワード・ブルモア『「うつ」は炎症で起きる』草思社、2019

アレキサンダー・G. シャウス、大沢博『栄養と犯罪行動』ブレーン出版、1990

審良静男、黒崎知博『新しい免疫入門：自然免疫から自然炎症まで』講談社、2014

近藤保彦 他『脳とホルモンの行動学：わかりやすい行動神経内分泌学：カラー版 第2版』西村書店東京出版編集部、2023

三島亜紀子『保健・福祉・心理専門職のための「空気のバリアフリー」入門：シックハウス症候群・化学物質過敏症の当事者の声を聞く』金糸雀ブックス、2022

日本消費者連盟『ストップ！香害：余計な香りはもういらない』日本消費者連盟、2020

厚生労働省「三次喫煙」e-ヘルスネット　https://www.e-healthnet.mhlw.go.jp/information/dictionary/tobacco/yt-057.html（2024/1/30）

出口治明、駒崎弘樹『世界一子どもを育てやすい国にしよう』ウェッジ、2016

第7章　運動と外遊び

ダライ・ラマ 述、フランシスコ・J. ヴァレーラ、ジェレミー・W. ヘイワード 編著『心と生命：〈心の諸科学〉をめぐるダライ・ラマとの対話 徹底討議』青土社、1995

春木豊『動きが心をつくる：身体心理学への招待』講談社、2011

AlfredL. Scherzer 他『脳性まひ児の早期治療 第2版』医学書院、2003

デイヴィッド・イーグルマン『脳の地図を書き換える：神経科学の冒険』早川書房、2022

高山静子『保育内容5領域の展開：保育の専門性に基づいて』郁洋舎、2022

前橋明『3歳からの今どき「外あそび」育児』主婦の友社、2015

ジョン J. レイティ、エリック・ヘイガーマン 他『脳を鍛えるには運動しかない！：最新科学でわかった脳細胞の増やし方』日本放送出版協会、2009

柳澤弘樹『「生きる力」を育む幼児のための柳沢運動プログラム 基本編』オフィスエム、2002

エイドリアン・レイン『暴力の解剖学』紀伊国屋書店、2015

幼児期運動指針策定委員会「幼児期運動指針」2012

リチャード・ホブデイ、藤井留美『1日15分、「日なたぼっこ」するだけで健康になれる：太陽の恵みビタミンDが、太らない！がんに負けない！病気にならない！身体をつくる』シャスタインターナショナル、2015

斎藤糧三『病気を遠ざける！1日1回日光浴：日本人は知らないビタミンDの実力』講談社、2017

正木健雄『ヒトになる、人間になる。：子育ての教育生理学入門』創教出版、2001

正木健雄『脳をきたえる「じゃれつき遊び」：3〜6歳：キレない子ども集中力のある子どもに育つ（はじめて出会う育児シリーズ）』小学館、2004

瀧靖之『脳科学者が教える！ 子どもを賢く育てるヒント「アウトドア育脳」のすすめ』山と渓谷社、2018

日本学術会議健康・生活科学委員会 健康・スポーツ科学分科会「子どもの動きの健全な育成をめざして—基本的動作が危ない—」2017

食べ物文化編集部『子どもの生体リズム・体内リズム』芽ばえ社、1995

河添邦俊、河添幸江『イラストでみる乳幼児の一日の生活のしかた：生活リズムの確立』子ども総合研究所・出版部、1991

野井真吾『子どもの"からだと心"クライシス：「子ども時代」の保障に向けての提言』かもがわ出版、2021

第8章 映像メディア

家島厚「テレビビデオ育児症候群」『子どもとメディアシンポジウム資料』NPO子どもとメディア、2014

アンドレアス・シュライヒャー 他『デジタル時代に向けた幼児教育・保育：人生初期の学びと育ちを支援する』明石書店、2020

内田伸子『子どもの見ている世界：誕生から6歳までの「子育て・親育ち」』春秋社、2017

清川輝基、内海裕美『「メディア漬け」で壊れる子どもたち：子どもたちのために今なすべきこと』少年写真新聞社、2009

小泉英明『アインシュタインの逆オメガ：脳の進化から教育を考える』文藝春秋、2014

片岡直樹『テレビを消したら赤ちゃんがしゃべった！笑った！：音と光が言葉遅れの子をつくる』メタモル出版、2009

片岡直樹『小児科医が伝えたい言葉の遅れが改善する方法』現代書林、2020

片岡直樹『テレビ・ビデオが子どもの心を破壊している！（危険警告 books）』メタモル出版、2001

日本小児科医会「子どもとメディア」対策委員会「「子どもとメディア」の問題に対する提言」2004

ジェーン・ハーリー 他『滅びゆく思考力：子どもたちの脳が変わる』大修館書店、1992

ジェーン・ハーリー 他『よみがえれ思考力』大修館書店、1996

ジェーン・ハーリー 他『コンピュータが子どもの心を変える』大修館書店、1999

スーザン・グリーンフィールド、広瀬静『マインド・チェンジ：テクノロジーが脳を変質させる』KADOKAWA、2015

田澤雄作『メディアにむしばまれる子どもたち：小児科医からのメッセージ』教文館、2015

高山静子『保育内容5領域の展開：保育の専門性に基づいて』郁洋舎、2022

マンフレンド・シュピッツァー 他『デジタル・デメンチア：子どもの思考力を奪うデジタル認知障害』講談社、2014

傳田光洋『皮膚は考える』岩波書店、2005

山口創『子供の「脳」は肌にある』光文社、2004

山口真美、金沢創『赤ちゃんの視覚と心の発達 補訂版』東京大学出版会、2019

J. アトキンソン 他『視覚脳が生まれる：乳児の視覚と脳科学』北大路書房、2005

マイケル・グラツィアーノ、鈴木光太郎『意識はなぜ生まれたか：その起源から人工意識まで』白揚社、2022

岩佐京子『テレビに子守をさせないで：ことばのおそい子を考える』水曜社、1975

下條信輔『サブリミナル・インパクト：情動と潜在認知の現代』筑摩書房、2008

高橋幸利 他「アニメ"ポケモン"による光過敏反応多発に関する視聴環境調査」てんかん研究17巻、1999

斎藤惇夫 他『いま、子どもたちがあぶない！：子ども・メディア・絵本』古今社、2006

尾木直樹『子育てとテレビ新事情』新日本出版社、2004

総務庁青少年対策本部「青少年とテレビ・ゲーム等に係る暴力性に関する調査研究報告書」1999

『2005年調査から幼児期のメディアコントロールは児童期に影響』NPO子どもとメディア、2006

下條信輔『サブリミナル・インパクト：情動と潜在認知の現代』筑摩書房、2008

環境省「子どもの健康と環境に関する全国調査（エコチル調査）」https://www.env.go.jp/chemi/ceh/

ナンシー・アイゼンバーグ、ポール・マッセン『思いやり行動の発達心理』金子書房、1991

Theodore A. Stern 他『MGH「心の問題」診療ガイド』メディカル・サイエンス・インターナショナル、2002

川島隆太『オンライン脳：東北大学の緊急実験からわかった危険な大問題』アスコム、2022

バトラー後藤裕子「デジタルで変わる子どもたち：学習・言語能力の現在と未来」筑摩書房、2021

アンデシュ・ハンセン、久山葉子『スマホ脳』新潮社、2020

榎本稔『よくわかる依存症：アルコール、薬物、ギャン

ブル、ネット、性依存：患者と家族を救うために』主婦の友社、2016

岡田尊司『インターネット・ゲーム依存症：ネトゲからスマホまで』文藝春秋、2014

株式会社リベルタス・コンサルティング「「青少年を取り巻くメディアと

意識・行動に関する調査研究」—メディアによって表現された暴力的有害情報が青少年に与える影響に関する文献調査—調査報告書」2017

川島隆太『オンライン脳：東北大学の緊急実験からわかった危険な大問題』アスコム、2022

川島隆太『スマホが学力を破壊する』集英社、2018

川島隆太『最新研究が明らかにした衝撃の事実 スマホが脳を「破壊」する』集英社、2019

久里川哲二『子どもの脳を壊すネット・ゲーム依存症』幻冬舎、2022

樋口進『スマホゲーム依存症』内外出版社、2017

樋口進『ネット依存・ゲーム依存がよくわかる本』講談社、2018

松本俊彦『依存症がわかる本：防ぐ、回復を促すためにできること』講談社、2021

World Health Organization　https://www.who.int/（2024/2/06）

第9章　個による違い

エイドリアン・レイン『暴力の解剖学』紀伊国屋書店、2015

アナット・バニエル 他『限界を超える子どもたち―脳・身体・障害への新たなアプローチ』太郎次郎社、2018

ジェフリー・M. シュウォーツ、シャロン・ベグレイ 他『心が脳を変える：脳科学と「心の力」』サンマーク出版、2004

ノーマン・ドイジ 他『脳はいかに治癒をもたらすか：神経可塑性研究の最前線』紀伊国屋書店、2016

ステファン・W・ポージェス、花丘ちぐさ『ポリヴェーガル理論入門：心身に変革をおこす「安全」と「絆」』春秋社、2018

ナンシー・アイゼンバーグ、ポール・マッセン 他『思いやり行動の発達心理』金子書房、1991

Theodore A. Stern 他『MGH「心の問題」診療ガイド』メディカル・サイエンス・インターナショナル、2002

内田伸子、子どもの未来応援団『AIに負けない子育て：ことばは子どもの未来を拓く』ジアース教育新社、2020

小塩真司『はじめて学ぶパーソナリティ心理学：個性をめぐる冒険』ミネルヴァ書房、2010

大山泰宏『人格心理学 改訂新版』放送大学教育振興会、2015

ハワード・ガードナー、松村暢隆『MI：個性を生かす多重知能の理論』新曜社、2001

Howard Gardner、黒上晴夫『多元的知能の世界：MI理論の活用と可能性』日本文教出版、2003

今田寛 他 編『心理学の基礎 4訂版』培風館、2016

エレイン・N・アーロン、明橋大二『ひといちばい敏感

な子：子どもたちは、パレットに並んだ絵の具のように、さまざまな個性を持っている』万年堂出版、2015

イルセ・サン、枇谷玲子『鈍感な世界に生きる敏感な人たち』ディスカヴァー・トゥエンティワン、2016

明橋大二、太田知子『HSCの子育てハッピーアドバイス：HSC＝ひといちばい敏感な子』1万年堂出版、2018

Norman, W.T.（1963）Toward an Adequate Taxonomy of Personality Attributes: Replicated Factor Structures in Peer Nomination Personality Ratings. Journal of Abnormal and Social Psychology, 66, 571-583.

J. M. ケラー 他『学習意欲をデザインする：ARCSモデルによるインストラクショナルデザイン』北大路書房、2010

池谷裕二『脳と心のしくみ：最新科学が解き明かす！』新星出版社、2015

斎藤公子『生物の進化に学ぶ乳幼児期の子育て』かもがわ出版、2007

田村正徳 他「医療的ケア児に関する実態調査と医療・福祉・保健・教育等の連携促進に関する研究」2018年

平成30年度子ども・子育て支援推進調査研究事業「小さく産まれた赤ちゃんへの保健指導のあり方に関する調査研究 報告書」2019

西村実穂、徳田克己『こうすればうまくいく！医療的配慮の必要な子どもの保育：30の病気の対応ポイントがわかる！』中央法規、2017

ダナ・サスキンド、掛札逸美 訳『3000万語の格差：赤ちゃんの脳をつくる、親と保育者の話しかけ』明石書店、2018

山口慎太郎『「家族の幸せ」の経済学：データ分析でわかった結婚、出産、子育ての真実』光文社、2019

田中 冨久子『女の脳・男の脳』日本放送出版協会、1998

前橋明『3歳からの今どき「外あそび」育児』主婦の友社、2015

厚生労働省「母の年齢（5歳階級）・ 出生順位別にみた合計特殊出生率」2018　https://www.mhlw.go.jp/toukei/saikin/hw/jinkou/kakutei18/

マンフレンド・シュピッツァー 他『デジタル・デメンチア：子どもの思考力を奪うデジタル認知障害』講談社、2014

日本精神神経学会 精神科病名検討連絡会「DSM-5 病名・用語翻訳ガイドライン」精神神経学雑誌 第116巻 第6号（2014）429-457頁

第10章　生得的・後天的な障害

田村正徳 他「医療的ケア児に関する実態調査と医療・福祉・保健・教育等の連携促進に関する研究」2018

平成30年度子ども・子育て支援推進調査研究事業「小さく産まれた赤ちゃんへの保健指導のあり方に関する調査研究 報告書」2019

西村実穂、徳田克己『こうすればうまくいく！医療的配慮の必要な子どもの保育：30の病気の対応ポイント

がわかる！』中央法規、2017

厚生労働省「母の年齢（5歳階級）・出生順位別にみた合計特殊出生率」2018

日本精神神経学会 精神科病名検討連絡会「DSM-5 病名・用語翻訳ガイドライン」精神神経学雑誌 第116巻第6号（2014）429–457頁

遠藤利彦『赤ちゃんの発達とアタッチメント：乳児保育で大切にしたいこと』ひとなる書房、2017

杉山登志郎『発達障害の子どもたち』講談社、2007

杉山登志郎『発達障害のいま』講談社、2011

杉山登志郎『子育てで一番大切なこと：愛着形成と発達障害』講談社、2018

杉山登志郎『発達性トラウマ障害と複雑性PTSDの治療』誠信書房、2019

テンプル・グランディン、マーガレット・M.スカリア 他『我、自閉症に生まれて』学研プラス、1994

ドナ・ウィリアムズ、河野万里子『自閉症だったわたしへ』新潮社、2000

東田直樹、よん『自閉症の僕が跳びはねる理由』KADOKAWA、2016

A. Jean Ayres、佐藤剛『子どもの発達と感覚統合』協同医書出版社、1982

スティーブ・シルバーマン 他『自閉症の世界：多様性に満ちた内面の真実』講談社、2017

竹中均『「自閉症」の時代』講談社、2020

土田玲子 他『感覚統合Q&A：子どもの理解と援助のために 改訂第2版』協同医書出版社、2013

一松麻実子『人と関わる力を伸ばす：社会性が幼い子への援助法』鈴木出版、2002

岩﨑清隆・鴨下賢一『発達障害の作業療法 基礎編 第3版』三輪書店、2019

石崎朝世『落ち着きのない子どもたち：多動症候群への理解と対』鈴木出版、1995

湯汲英史 他『「わがまま」といわれる子どもたち：自己中心性の原因と対応』鈴木出版、2000

澤口俊之『発達障害の改善と予防：家庭ですべきこと、してはいけないこと』小学館、2016

友田朋美、藤澤玲子『虐待が脳を変える：脳科学者からのメッセージ』新曜社、2018

米澤好史『愛着障害・愛着の問題を抱えるこどもをどう理解し、どう支援するか？：アセスメントと具体的支援のポイント51』福村出版、2019

灰谷孝『人間脳を育てる：動きの発達&原始反射の成長』花風社、2016

三池輝久『子どもとねむり 乳幼児編（良質の睡眠が発達障害を予防する）』メディアイランド、2011

J・T・ウェブ 他『ギフティッドその誤診と重複診断：心理・医療・教育の現場から』北大路書房、2019

金春喜『「発達障害」とされる外国人の子どもたち：フィリピンから来日したきょうだいをめぐる、10人の大人たちの語り』明石書店、2020

森口佑介『子どもの発達格差：将来を左右する要因は何か』PHP研究所、2021

第11章　脳と遺伝子

近藤保彦 他『脳とホルモンの行動学：わかりやすい行動神経内分泌学：カラー版 第2版』西村書店、2023

キャサリン・ウイットロック 他『とことん解説人体と健康ビジュアルホルモンのはたらきパーフェクトガイド』日経ナショナルジオグラフィック、2021

三上章允『カラー図解脳の教科書：はじめての「脳科学」入門』講談社、2022

理化学研究所『つながる脳科学：「心のしくみ」に迫る脳研究の最前線』講談社、2016

甘利俊一、岡本仁『脳の発生と発達（シリーズ脳科学；4）』東京大学出版会、2008

大隅典子『脳の発生・発達：神経発生学入門』朝倉書店、2010

大隅紀子『脳の誕生：発生・発達・進化の謎を解く』筑摩書房、2017

エレーヌ・フォックス『脳科学は人格を変えられるか？』文藝春秋、2017

スーザン・グリーンフィールド、広瀬静『マインド・チェンジ：テクノロジーが脳を変質させる』KADOKAWA、2015

鵜木元香『生まれつきの女王蜂はいない：DNAだけでは決まらない遺伝子の使い道』講談社、2016

山本健一『意識と脳：心の電源としての意識』サイエンス社、2000

坂野登『脳と教育：心理学的アプローチ』朝倉書店、1997

ダナ・サスキンド、掛札逸美 訳『3000万語の格差：赤ちゃんの脳をつくる、親と保育者の話しかけ』明石書店、2018

ノーマン・ドイジ『脳は奇跡を起こす』講談社、2008

アナット・バニエル 他『限界を超える子どもたち：脳・身体・障害への新たなアプローチ』太郎次郎社エディックス、2018

市川衛『脳がよみがえる 脳卒中・リハビリ革命：NHKスペシャル』主婦と生活社、2011

鈴木大介『脳が壊れた』新潮社、2016

鈴木大介『脳は回復する：高次脳機能障害からの脱出』新潮社、2018

鈴木光太郎『意識と感覚の脳科学 新版』新版日経サイエンス、2022

熊谷晋一郎『リハビリの夜』医学書院、2009

池谷裕二『脳と心のしくみ：最新科学が解き明かす！』新星出版社、2015

エイドリアン・レイン『暴力の解剖学』紀伊國屋書店、2015

前橋明『3歳からの今どき「外あそび」育児』主婦の友社、2015

青木省三、福田正人『子どものこころと脳：発達のつまずきを支援する』日本評論社、2022

デイヴィッド・イーグルマン、梶山あゆみ『脳の地図を書き換える：神経科学の冒険』早川書房、2022

ジェフ・ホーキンス、大田直子『脳は世界をどう見ているのか：知能の謎を解く「1000の脳」理論』早川書房、

2022

近藤保彦 他『脳とホルモンの行動学：わかりやすい行動神経内分泌学：カラー版 第2版』西村書店、2023

第12章　大人の関わりと保育環境

内田伸子『子どもの見ている世界：誕生から6歳までの「子育て・親育ち」』春秋社、2017

OECD教育研究革新センター 他『個別化していく教育（OECD未来の教育改革；2）』明石書店、2007

OECD教育研究革新センター 他『脳からみた学習：新しい学習科学の誕生』明石書店、2010

マイケル・グラツィアーノ『意識はなぜ生まれたか：その起源から人工意識まで』白揚社、2022

米澤好史『愛着障害・愛着の問題を抱えるこどもをどう理解し、どう支援するか？：アセスメントと具体的支援のポイント51』福村出版、2019

友田朋美『親の脳を癒やせば子どもの脳は変わる』NHK出版、2019

友田朋美、藤澤玲子『虐待が脳を変える：脳科学者からのメッセージ』新曜社、2018

山口真美『発達障害の素顔：脳の発達と視覚形成からのアプローチ』講談社、2016

杉山春『ネグレクト：育児放棄：真奈ちゃんはなぜ死んだか』小学館、2004

古荘純一、磯崎祐介『教育虐待・教育ネグレクト：日本の教育システムと親が抱える問題』光文社、2015

中村季代『ママたすけて！保母の園児虐待』駒草出版、1991

高山静子『改訂 環境構成の理論と実践：保育の専門性に基づいて』郁洋舎、2021

高山静子『改訂 保育者の関わりの理論と実践：保育の専門性に基づいて』郁洋舎、2021

高山静子『保育内容5領域の展開：保育の専門性に基づいて』郁洋舎、2022

高山静子『子育て支援ひだまり通信：遊びとしつけの上手なコツ』チャイルド本社、2010

杉山登志郎『発達障害のいま』講談社、2011

岡本伸彦、巽純子『ダウン症候群児・者のヘルスケアマネジメント：支援者のためのガイドブック』かもがわ出版、2010

緒方克也「食べる機能の発達と支援」『ダウン症候群児・者のヘルスケアマネジメント：支援者のためのガイドブック』かもがわ出版、2010

古荘純一、磯崎祐介『教育虐待・教育ネグレクト：日本の教育システムと親が抱える問題』光文社、2015

武田信子『やりすぎ教育：商品化する子どもたち』ポプラ社、2021

アリソン・アームストロング、チャールズ・ケースメント 他『コンピュータに育てられた子どもたち：教育現場におけるコンピュータの脅威を探る』七賢出版、2000

町沢静夫『ボーダーライン：青少年の心の病い』丸善ライブラリー、1997

町沢静夫・吉本隆明『遊びと精神医学：こころの全体性を求めて』創元社、1986

下山晴彦、丹野義彦『異常心理学．2（講座臨床心理学；4）』東京大学出版会、2002

高橋哲郎『子どもの心と精神病理：力動精神医学の臨床 改訂』岩崎学術出版社、2003

楠見孝『現代の認知心理学3』北大路書房、2010

ディディエアンジュー、福田素子『皮膚―自我』言叢社、1996

佐伯胖 他『学び合う共同体』東京大学出版会、1996

ロバート・L・ソルソ 他『脳は絵をどのように理解するか：絵画の認知科学』新曜社、1997

鹿取広人『ことばの発達と認知の心理学』東京大学出版会、2003

T.G.R.バウアー、岩田純一『賢い赤ちゃん：乳児期における学習』ミネルヴァ書房、1995

仲真紀子『認知心理学の新しいかたち』誠信書房、2005

第13章　乳幼児期独自の発達の姿

新版K式発達検査研究会『新版K式発達検査法：標準化資料と実施法 2001年版』ナカニシヤ出版、2008

前川喜平『小児の神経と発達の診かた 改訂』新興医学出版社、2000

前川喜平、落合幸勝『乳幼児健診における境界児：どう診てどう対応するか』診断と治療社、2010

津守真、稲毛教子『乳幼児精神発達診断法 0才～3才まで』大日本図書、1987

津守真、磯部景子『乳幼児精神発達診断法 3才～7才まで』大日本図書、1988

遠城寺宗徳『遠城寺式・乳幼児分析的発達検査法 改訂新装版』慶應義塾大学出版会、2009

清水益治、森敏昭『0歳～12歳児の発達と学び：保幼小の連携と接続に向けて』北大路書房、2013

マーガレット・カー 他『保育の場で子どもの学びをアセスメントする：「学びの物語」アプローチの理論と実践』ひとなる書房、2013

マーガレット・カー、ウエンディ・リー 他『学び手はいかにアイデンティティを構築していくか：保幼小におけるアセスメント実践「学びの物語」』ひとなる書房、2020

伊藤亜紗『手の倫理』講談社、2020

山口創『子供の「脳」は肌にある』光文社、2004

傳田光洋『皮膚は考える』岩波書店、2005

岩田誠、河村満『発達と脳：コミュニケーション・スキルの獲得過程（脳とソシアル）』医学書院、2010

安彦忠彦『子どもの発達と脳科学：カリキュラム開発のために』勁草書房、2012

竹内敏晴『ことばが劈かれるとき 第2版』思想の科学社、1995

竹内敏晴『子どものからだとことば』晶文社、1989

マイケル・グラツィアーノ、鈴木光太郎『意識はなぜ生まれたか：その起源から人工意識まで』白揚社、2022

斎藤公子、川嶋浩『100人のアリサ：就学前の子どもたちが織りなした"綾"：写真集4』創風社、1987

斎藤公子、斎藤公子の部屋『子どもは描く：「さくらん

ぼ坊や」の子どもたち 普及版』K フリーダム、2019

斎藤公子『さくら・さくらんぼの障害児保育』青木書店、1984

井尻正二『こどもの発達とヒトの進化』築地書館、1980

鳥居昭美『子どもの絵の見方、育て方 新装版』大月書店、2003

三沢直子『殺意をえがく子どもたち：大人への警告』学陽書房、1998

鳥山敏子『からだが変わる授業が変わる』太郎次郎社、1985

鳥山敏子『イメージをさぐる：からだ・ことば・イメージの授業』太郎次郎社、1985

丸山美和子『保育者が基礎から学ぶ乳児の発達（保育と子育て 21）』かもがわ出版、2011

斎藤公子『生物の進化に学ぶ乳幼児期の子育て』かもがわ出版、2007

下山晴彦『面白いほどよくわかる！臨床心理学』西東社、2012

井桁容子『0・1・2 歳児のココロを読みとく保育のまなざし：エピソード写真で見る子どもの育ち』チャイルド本社、2017

斎藤公子、川島浩『ヒトが人間になる：さくら・さくらんぼ保育園の 365 日 写真集』太郎次郎社、1984

白石正久『発達の扉 上（子どもの発達の道すじ）』かもがわ出版、1994

田中昌人、田中杉恵『子どもの発達と診断 1（乳児期前半）』大月書店、1981

田中昌人、田中杉恵『子どもの発達と診断 2（乳児期後半）』大月書店、1982

田中昌人、田中杉恵『子どもの発達と診断 3（幼児期 1）』大月書店、1984

田中昌人、田中杉恵『子どもの発達と診断 4（幼児期 2）』大月書店、1986

高山静子『子育て支援の環境づくり』エイデル研究所、2018

高山静子『改訂 保育者の関わりの理論と実践：保育の専門性に基づいて』郁洋舎、2021

高山静子『改訂 環境構成の理論と実践：保育の専門性に基づいて』郁洋舎、2021

高山静子『子育て支援ひだまり通信：遊びとしつけの上手なコツ』チャイルド本社、2010

高山静子『保育内容 5 領域の展開：保育の専門性に基づいて』郁洋舎、2022

三木成夫『内臓とこころ』河出書房新社、2013

小林康夫・船曳建夫『知のモラル』東京大学出版会、1996

下山晴彦、丹野義彦『異常心理学 .2（講座臨床心理学；4）』東京大学出版会、2002

高橋哲郎『子どもの心と精神病理：力動精神医学の臨床 改訂』岩崎学術出版社、2003

田中千穂子『ひきこもりの家族関係』講談社、2001

第 14 章　知識を実践へ活用する際の留意点

岩田健太郎『感染症は実在しない』集英社インターナショナル、2020

原田正純『いのちの旅：「水俣学」への軌跡』岩波書店、2016

原田正純『水俣病』岩波書店、1972

大西史恵『薬害肝炎：誰が C 型肝炎を「国民病」にしたか』金曜日、2005

安冨歩『原発危機と「東大話法」：傍観者の論理・欺瞞の言語』明石書店、2012

河野哲也『暴走する脳科学：哲学・倫理学からの批判的検討』光文社、2008

池田清彦、西條剛央『科学の剣哲学の魔法：構造主義科学論から構造構成主義への継承』北大路書房、2006

西條剛央『構造構成主義とは何か：次世代人間科学の原理』北王子書房、2005

西條剛央 他『信念対立の克服をどう考えるか』北大路書房、2008

ダニエル・L・シャピロ 他『ネゴシエーション 3.0：決定版：解決不能な対立を心理学的アプローチで乗り越える』ダイヤモンド社、2020

マシュー・サイド『失敗の科学：失敗から学習する組織、学習できない組織』ディスカヴァー・トゥエンティワン、2016

デイビッド・エプスタイン 『RANGE：知識の「幅」が最強の武器になる』日経 BP、2020

井田徹治『有害化学物質の話：農薬からプラスチックまで』PHP 研究所、2013

齋藤嘉則『問題解決プロフェッショナル「思考と技術」新版』ダイアモンド社、2010

小野田博一 『論理的に考える方法：判断力がアップし本質への筋道が読める』日本実業出版社、1998

ハワード・S・ダンフォード『図解 de 理解 認知バイアス入門（FLoW ePublication）』Kindle、2022

第 3 部
第 15 章　子どもの把握と理解に基づく展開の原則

高山静子『改訂 環境構成の理論と実践：保育の専門性に基づいて』郁洋舎、2021

高山静子『改訂 保育者の関わりの理論と実践：保育の専門性に基づいて』郁洋舎、2021

高山静子『保育内容 5 領域の展開：保育の専門性に基づいて』郁洋舎、2022

アナット・バニエル 他『限界を超える子どもたち：脳・身体・障害への新たなアプローチ』太郎次郎社エディックス、2018

澤田智洋『ガチガチの世界をゆるめる』百万年書房、2020

井桁容子『みんなの育ちの物語：子どもの見方が変わる』

フレーベル館、2011

今井寿美枝『「はう運動あそび」で育つ子どもたち』大月書店、2014

熊谷晋一郎『リハビリの夜』医学書院、2009

綾屋紗月、熊谷晋一郎『つながりの作法：同じでもなく違うでもなく』日本放送出版協会、2010

OECD教育研究革新センター他『個別化していく教育（OECD未来の教育改革；2）』明石書店、2007

OECD教育研究革新センター他『脳からみた学習：新しい学習科学の誕生』明石書店、2010

小西貴士『子どもと森へ出かけてみれば』フレーベル館、2010

河邉貴子、小西貴士『心をとめて森を歩く』フレーベル館、2016

ダナ・サスキンド、掛札逸美 訳『3000万語の格差：赤ちゃんの脳をつくる、親と保育者の話しかけ』明石書店、2018

村中直人『〈叱る依存〉がとまらない』紀伊国屋書店、2022

第16章 子どもの育ちを保育で支える

大橋節子 他『テ・ファーリキ〈完全翻訳・解説〉：子どもが輝く保育・教育のひみつを探る：ニュージーランド乳幼児教育カリキュラム』建帛社、2021

マーガレット・カー、ウエンディ・リー 他『学び手はいかにアイデンティティを構築していくか：保幼小におけるアセスメント実践「学びの物語」』ひとなる書房、2020

高山静子『保育内容5領域の展開：保育の専門性に基づいて』郁洋舎

大渕憲一『攻撃と暴力：なぜ人は傷つけるのか』丸善ライブラリー、2000

町沢静夫、吉本隆明『遊びと精神医学：こころの全体性を求めて』創元社、1986

岡部正隆『色弱の子どもがわかる本：家庭・保育園・学校でできるサポート術：コミックQ&A』かもがわ出版、2016

エレイン・N・アーロン、明橋大二『ひといちばい敏感な子：子どもたちは、パレットに並んだ絵の具のように、さまざまな個性を持っている』万年堂出版、2015

池谷裕二『脳と心のしくみ：最新科学が解き明かす！』新星出版社、2015

井桁容子『みんなの育ちの物語：子どもの見方が変わる』フレーベル館、2011

小西貴士『子どもと森へ出かけてみれば』フレーベル館、2010

河邉貴子、小西貴士『心をとめて森を歩く』フレーベル館、2016

『2005年調査から幼児期のメディアコントロールは児童期に影響』NPO子どもとメディア、2006

今井寿美枝『「はう運動あそび」で育つ子どもたち』大月書店、2014

ウィリアム・スティクスラッド 他『セルフドリブン・チャイルド：脳科学が教える「子どもにまかせる」育て方』NTT出版、2019

S.ブレデキャップ 他『乳幼児の発達にふさわしい教育実践：誕生から小学校低学年にかけて：21世紀の乳幼児教育プログラムへの挑戦』東洋館出版社、2000

J.T.ウェブ 他『ギフティッドその誤診と重複診断：心理・医療・教育の現場から』北大路書房、2019

前川喜平『乳幼児健診における境界児の診かたとケアのしかた』診断と治療社、1997

灰谷孝『人間脳を育てる：動きの発達＆原始反射の成長』花風社、2016

成瀬吾策『動作療法：まったく新しい心理治療の理論と方法』誠信書房、2000

北出勝也『発達の気になる子の学習・運動が楽しくなるビジョントレーニング』ナツメ社、2015

あすなろ学園『気になる子も過ごしやすい園生活のヒント：園の一日場面別』学習研究社、2010

飯嶋正博『不器用な子どもの動きづくり』かもがわ出版、2005

石崎朝世『落ち着きのない子どもたち：多動症候群への理解と対応』鈴木出版、1995

一松麻実子『人と関わる力を伸ばす：社会性が幼い子への援助法』鈴木出版、2002

澤口俊之『発達障害の改善と予防：家庭ですべきこと、してはいけないこと』小学館、2016

湯汲英史 他『「わがまま」といわれる子どもたち：自己中心性の原因と対応』鈴木出版、2000

湯汲英史『子どもが伸びる関わりことば26：発達が気になる子へのことばかけ』鈴木出版、2006

湯汲英史『感情をうまく伝えられない子への切りかえことば22』鈴木出版、2007

中根晃『自閉症児の保育・子育て入門』大月書店、1996

田中和代、岩佐亜紀『高機能自閉症・アスペルガー障害・ADHD・LDの子のSSTの進め方：特別支援教育のためのソーシャルスキルトレーニング〈SST〉』黎明書房、2008

Alfred L.Scherzer『脳性まひ児の早期治療 第2版』医学書院、2003

A.Jean Ayres、佐藤剛『子どもの発達と感覚統合』協同医書出版社、1982

土田玲子 他『感覚統合Q&A：子どもの理解と援助のために 改訂第2版』協同医書出版社、2013

岩崎清隆、鴨下賢一『発達障害の作業療法 基礎編 第3版』三輪書店、2019

岩崎清隆、鴨下賢一、岸本光夫『発達障害の作業療法 実践編 第3版』三輪書店、2019

笹田哲『体の動き指導アラカルト：気になる子どものできた！が増える』中央法規出版、2012

中川信子『ことばをはぐくむ：発達に遅れのある子どもたちのために』ぶどう社、1986

今井寿美枝『「がまんする力」を育てる保育』大月書店、2016

今井寿美枝『生活と遊びで育つ子どもたち』大月書店、2010

今井寿美枝『「はう運動あそび」で育つ子どもたち』大

参考文献　165

月書店、2014

斎藤公子『さくら・さくらんぼの障害児保育』青木書店、1982

柳屋弘樹『発達障害の子の脳を育てる忍者遊び：柳沢運動プログラムを活用して』講談社、2016

木村順『発達障害の子の感覚遊び・運動遊び：感覚統合をいかし、適応力を育てよう 1』講談社 2010

木村順『育てにくい子にはわけがある：感覚統合が教えてくれたもの』大月書店、2006

山口創『子供の「脳」は肌にある』光文社 2004

北出勝也『発達の気になる子の学習・運動が楽しくなるビジョントレーニング』ナツメ社、2015

綾屋紗月、熊谷晋一郎『つながりの作法：同じでもなく違うでもなく』日本放送出版協会、2010

吉田敦彦『世界が変わる学び：ホリスティック／シュタイナー／オルタナティブ』ミネルヴァ書房、2020

高山静子『改訂 環境構成の理論と実践：保育の専門性に基づいて』郁洋舎、2021

高山静子『改訂 保育者の関わりの理論と実践：保育の専門性に基づいて』郁洋舎、2021

第 17 章　課題を保育へと展開する

太田俊己、広瀬由紀『気になる子、障がいのある子、すべての子が輝くインクルーシブ保育』学研教育みらい、2020

酒井幸子、守巧『"気になる子"と育ち合うインクルーシブな保育：多様性を認め合い、みんなが伸びるクラスづくり：事例でわかる！』チャイルド本社、2019

星山麻木『障害児保育ワークブック：インクルーシブ保育・教育をめざして：実践的な特別支援を学びたい方へ』萌文書林、2019

小山望 他『インクルーシブ保育っていいね：一人ひとりが大切にされる保育をめざして』福村出版、2013

伊丹昌一 他『インクルーシブ保育論 第 2 版』ミネルヴァ書房、2022

浜谷直人 他『多様性がいきるインクルーシブ保育：対話と活動が生み出す豊かな実践に学ぶ』ミネルヴァ書房、2018

柴崎正行 他『イラストでわかるはじめてのインクルーシブ保育：保育場面で考える 50 のアイデア』合同出版、2016

野口晃菜、喜多一馬『差別のない社会をつくるインクルーシブ教育：誰のことばにも同じだけ価値がある』学事出版、2022

星山麻木、板野和彦『一人一人を大切にするユニバーサルデザインの音楽表現』萌文書林、2018

藤原里美『多様な子どもたちの発達支援：なぜこの行動？なぜこの対応？理解できる 10 の視点』学研プラス、2015

A・エアーズ『子どもの発達と感覚統合』協同医書出版社、1982

土田玲子 他『感覚統合 Q&A：子どもの理解と援助のために 改訂第 2 版』協同医書出版社、2013

笠原麻里『発達障害の子どもの心がわかる本：赤ちゃん

〜学童期：個性とともに生きよう：子どもが幸せに生きていくために親が知るべきこと、できること』主婦の友社、2016

斎藤公子『さくら・さくらんぼのリズムとうた（ヒトの子を人間に育てる保育の実践）』群羊社、1994

今井寿美枝『「はう運動あそび」で育つ子どもたち』大月書店、2014

柳澤弘樹『発達障害の子の脳を育てる忍者遊び 柳沢運動プログラムを活用して』講談社、2016

正木健雄『脳をきたえる「じゃれつき遊び」：3 〜 6 歳：キレない子ども 集中力のある子どもに育つ』小学館、2004

今井寿美枝『「がまんする力」を育てる保育』大月書店、2016

藤原里美『多様な子どもたちの発達支援 園実践編』学研プラス、2022

村中直人『〈叱る依存〉がとまらない』紀伊国屋書店、2022

エレイン・N・アーロン、明橋大二『ひといちばい敏感な子：子どもたちは、パレットに並んだ絵の具のように、さまざまな個性を持っている』万年堂出版、2015

谷島直樹『ニュージーランドの保育園で働いてみた：子ども主体・多文化共生・保育者のウェルビイーイング体験記』ひとなる書房、2022

三菱 UFJ リサーチ＆コンサルティング「厚生労働省令和元年度子ども・子育て支援推進調査研究事業 保育所等における外国籍等の子どもの保育に関する取組事例集」2020 https://www.murc.jp/wp-content/uploads/2020/04/koukai_200427_1_3.pdf

片岡直樹『テレビを消したら赤ちゃんがしゃべった！笑った！：音と光が言葉遅れの子をつくる』メタモル出版、2009

片岡直樹『小児科医が伝えたい言葉の遅れが改善する方法』現代書林、2020

樋口進『ネット依存・ゲーム依存がよくわかる本』講談社、2018

NPO 子どもとメディア　https://komedia.or.jp/outline/

独）国立特別支援教育総合研究所 インクルーシブ教育システム推進センター「インクルーシブ教育システムとは」https://www.nise.go.jp/nc/inclusive_center/includedu（2024/2/29）

芦澤清音 他『すべての子どもの権利を実現するインクルーシブ保育へ：多文化共生・障がい・家庭支援・医療的ケア』ひとなる書房、2023

第 18 章　家庭や地域と共に子どもの育ちを支える

『2005 年調査から幼児期のメディアコントロールは児童期に影響』NPO 子どもとメディア、2006

ダナ・サスキンド、掛札逸美 訳『3000 万語の格差：赤ちゃんの脳をつくる、親と保育者の話しかけ』明石書店、2018

高山静子『子育て支援ひだまり通信：遊びとしつけの上

手なコツ』チャイルド本社、2010

高山静子『改訂 保育者の関わりの理論と実践：保育の専門性に基づいて』郁洋舎、2021

高山静子『学びを支える保育環境づくり：幼稚園・保育園・認定こども園の環境構成』小学館、2017

高山静子『改訂 環境構成の理論と実践：保育の専門性に基づいて』郁洋舎、2021

高山静子『子育て支援の環境づくり』エイデル研究所、2018

高山静子『0～6歳脳を育む親子の「会話」レシピ』風鳴社、2022

田中千穂子『母と子のこころの相談室："関係"を育てる心理臨床 改訂新版』山王出版、2009

ロジャー・ハート 他『子どもの参画：コミュニティづくりと身近な環境ケアへの参画のための理論と実際』萌文社、2000

亀﨑美沙子『育の専門性を生かした子育て支援：「子どもの最善の利益」をめざして』わかば社、2018

子育て支援者コンピテンシー研究会『育つ・つながる子育て支援：具体的な技術・態度を身につける32のリスト』チャイルド本社、2009

武田信子『保育者のための子育て支援ガイドブック：専門性を活かした保護者へのサポート』中央法規出版、2018

七木田敦、ジュディス・ダンカン 他『「子育て先進国」ニュージーランドの保育：歴史と文化が紡ぐ家族支援と幼児教育』福村出版、2015

著者

高山 静子 (たかやま しずこ)

東洋大学教授。保育と子育て支援の現場を経験し、平成 20 年より保育者の養成と研究に専念。平成 25 年 4 月より東洋大学。教育学博士（九州大学大学院）。研究テーマは、保育者の専門性とその獲得過程。著書に『改訂 環境構成の理論と実践～保育の専門性に基づいて』『改訂 保育者の関わりの理論と実践～保育の専門性に基づいて』『保育内容 5 領域の展開～保育の専門性に基づいて』『子育て支援の環境づくり』『学びを支える保育環境づくり～幼稚園・保育園・認定こども園の環境構成』『子育て支援ひだまり通信～遊びとしつけの上手なコツ』（いずれも単著）、『育つ・つながる子育て支援～具体的な技術・態度を身につける 32 のリスト』（共著）、『3000 万語の格差』（解説）など。

写真協力

あおぞら保育園
あおぞらこども園
あおぞら第2こども園
ながかみこども園

装幀

野田和浩

イラスト

柚木ミサト

『子どもの把握と理解～保育の専門性に基づいて』

2024 年 9 月 24 日 初版 第 1 刷発行
2024 年 11 月 26 日 初版 第 2 刷発行

著 者 高山静子
発行人 長谷吉洋
発行所 株式会社 郁洋舎
　　　　　神奈川県鎌倉市七里ガ浜東 3-16-19
　　　　　TEL.0467-81-5090
ISBN 978-4-910467-13-9